ullstein

Das Buch

Die Deutschen sind doof. Nachrichtensprecher können Namen nicht richtig aussprechen, Fernsehredaktionen blenden falsche Flaggen ein, Restaurants haben unglaubliche Rechtschreibfehler auf den Speisekarten. Die Liste der Dummheiten ist unendlich lang: Hirnlose Fußballersprüche, schwachsinnige Quizantworten, sinnbefreite Songtexte, Übersetzungskatastrophen, Politikerphrasen, irrsinnige Verkehrsschilder und dümmliche Gesetzestexte. Oliver Kuhn hat die Republik abgegrast und den Irrsinn der Deutschen zusammengetragen. Lustiger als *Generation Doof*!

Die Autoren

Oliver Kuhn hat u. a. als Chefreporter beim *Playboy-Magazin* gearbeitet. Er ist Autor mehrerer Bestseller wie *Der perfekte Verführer* und *Arschgeweih: Das wahre Lexikon der Gegenwart*.

Michaela Moses studierte Medienpädagogik, Kommunikationswissenschaft und Psychologie. Sie ist Chefin vom Dienst im Axel Springer Verlag.

Von Oliver Kuhn ist in unserem Hause bereits erschienen:

Arschgeweih: Das wahre Lexikon der Gegenwart

OLIVER KUHN/MICHAELA MOSES

DEUTSCHLAND EINIG DEPPENLAND

WIE DOOF DIE DEUTSCHEN WIRKLICH SIND

Ullstein

Besuchen Sie uns im Internet:
www.ullstein-taschenbuch.de

Lizenzausgabe im Ullstein Taschenbuch
1. Auflage Januar 2011

Umschlaggestaltung: HildenDesign, München
Titelabbildung: © THEPALMER/iStockphoto
Papier: Munken Print Cream von Arctic Paper Mochenwangen GmbH
Druck und Bindearbeiten: CPI – Ebner & Spiegel, Ulm
Printed in Germany
ISBN 978-3-548-37343-0

Inhalt

Deutschland einig Deppenland

Dieses Buch ist eine Hommage an all diejenigen, die aus diesem Land erst ein Deppenland machen: an uns Deutsche!

Es ist ein schönes Zeichen, dass dieses Buch zum Bestseller wurde. Denn das zeigt vor allem eine wunderbare Eigenschaft: Wir können über uns selbst lachen.

Was wären wir ohne Menschen wie Claudia, die in einer Quizshow auf die Frage: »Wen spielt John Malkovich in dem Film *Being John Malkovich?*«, antwortete: »Tom Hanks.«

Ein langweiliges Land.

Dieses Buch versammelt all das, was wir verbrochen und verbockt, verbummelt und verschusselt haben – den kollektiven Irrsinn aus 60 Jahren Deutschland.

Die sinnlosesten Sommerloch-Forderungen (»Mallorca soll deutsch werden«), die schlimmsten Fälle von Steuerverschwendung (»Delligser Dorfchronik für 165.219 Euro«) und die häufigsten Rechtschreibfehler (»Nazissmus«).

In Deutschland einig Deppenland sind die unsäglichen Phrasen unserer Eltern (»Es liegen schon ein paar Erfrorene auf der Straße«) versammelt, aber auch dummdeutsche Sprüche (»Mein lieber Herr Gesangsverein, da geht Ihnen jetzt der Arsch auf Grundeis, nicht wahr?«) und doofe Fragen (»Schläfst du schon?«).

Natürlich kommen auch die Juristen und Beamten zu Wort: »›Sofort‹ im Sinne von § 271 BGB heißt weder ›auf der Stelle‹ noch ›ohne schuldhaftes Zögern‹, sondern ›in nach Treu und Glauben unter Berücksichtigung der Verkehrssitte objektiv angemessener Zeitspanne‹.«

Hier sind Deutschlands dümmste Kriminelle versammelt und die unglaublichsten Urteile (»Freispruch mit 3,85 Promille am Steuer«).

Es ist schwer zu glauben, was Journalisten jeden Tag für Quatsch fabrizieren (»Hundekot nicht unter den Tisch kehren«), aber natürlich finden sich immer wieder auch wahre Perlen über den alltäglichen Wahnsinn in den Zeitungen (»Illegaler Friseursalon auf Damenklo entdeckt«).

Denn die schönsten Geschichten schreibt immer noch das Leben. Zumindest solange es Deutsche gibt, die an ihre Versicherung schreiben, warum sie garantiert nicht schuld am Unfall sein können (»In hohem Tempo näherte sich mir die Telegrafenstange. Ich schlug einen Zickzack-Kurs ein, aber dennoch traf die Telegrafenstange mich am Kühler.«).

Und natürlich Mitmenschen, die ihre Kinder »Aalderk Balderich Dankward« nennen oder »Geilana Jadwiga Katzbachine«. Oder würden Sie Ihren Sohn Axel taufen, wenn Sie mit Nachnamen Schweiß heißen?

Sogar die ausländischen Medien haben dieses Buch bejubelt. Hier ein paar Pressestimmen:

> »Endlich traut sich mal jemand, den verdammten Krauts die Wahrheit zu sagen.«
>
> London Literal Review

> »Ein sehr wertvolles und schlaues Buch. Die Piefkes sind wirklich die schlimmste Plage Europas.«
>
> Wiener Magazin für Prosa und Literatur

> »Wir haben uns bepisst. Es ist ein beruhigendes Gefühl, dass das Land in unserem Norden voller Deppen und Idioten ist.«
>
> Il scripto di Roma

Politiker

PHRASENDRESCHER UNTER SICH: WENN POLITIKER REDEN ...

Politiker und ihre Phrasen. Der Politiker hält für Deppendeutschland stets ein paar wohlüberlegte und praxiserprobte Formulierungen bereit:

»Das ist politisch nicht durchsetzbar.«
(... sagt der Politiker, wenn er an etwas kein Interesse hat. Diätenerhöhungen sind politisch übrigens immer durchsetzbar.)

»Das ist letztlich eine Frage des gegenseitigen Respekts.«
(... sagt der Politiker, wenn er kritisiert wird und ihm kein gutes Gegenargument einfällt)

»Wir dürfen den Solidaritätsgedanken nicht opfern.«
(... heißt: mehr Steuern, weniger Leistungen)

»Wir dürfen nicht pauschalisieren.«
(lähmende Politphrase)

»Wir müssen mit allen Eventualitäten rechnen.«
(also mit Steuererhöhungen)

»Die Nachhaltigkeit ist in diesem Fall ganz entscheidend.«
(Nachhaltigkeit soll vorgaukeln, dass der Politiker eine Vision haben könnte, die die Legislaturperiode überdauert)

»Die Partei steht geschlossen hinter dem Vorschlag.«
(Jedem Abweichler würde es ergehen wie Wolfgang Clement und er würde in hohem Bogen rausgeworfen werden)

»Es braucht wieder mehr Eigenverantwortung.«
(... weil wir den Sozialstaat abschaffen bei gleicher Steuerlast)

»Wir dürfen diese Menschen nicht ausgrenzen.«
(... denn auch der dümmste Bauer hat eine Wählerstimme)

»Das sollten wir ernst nehmen.«
(Das könnte ein Thema für die Boulevardpresse sein)

»Das ist von zentraler Bedeutung.«

(... oder etwa von dezentraler ...?)

»Das ist eine Frage, die sich so nicht stellt.«

(... weil wir gerade keine Lösung für dieses drängende Problem haben)

»Der Staat wird ausgehöhlt.«

(... wenn der Politiker nicht allein entscheiden darf)

»Ich finde dieses Ergebnis beschämend für unser Land.«

(Da wurden doch wieder die Rechten gewählt und nicht wir.)

»Es ist jetzt nicht der Zeitpunkt, um Personalfragen zu diskutieren.«

(... sonst müsste ich sofort zurücktreten)

»Im Interesse der nachfolgenden Generation müssen wir ...«

(... die Rentenlüge aufrechterhalten ...)

»Ich bin mir immer selber treu geblieben.«

(... aber keinen Frauen, Prinzipien oder Werten ...)

»Wir haben eine gemeinsame Verantwortung.«

(Und die Wähler müssen es bezahlen)

»Wir alle müssen jetzt den Gürtel enger schnallen.«

(Nun ja, ich bekomme schon nach zwei Dienstjahren eine lebenslange Rente.)

»Das ist pure Angstmacherei.«

(Mist, da hat eine andere Partei ein gutes Thema vor uns gefunden.)

»Wir müssen das jetzt knallhart analysieren.«

(Wir haben die Wahl verloren, wir besaufen uns heute und ab morgen geht es weiter wie immer.)

»Wir müssen eine konstruktive Lösung finden, das sind wir den Wählern schuldig.«

(Schon mal jemand etwas von einer dekonstruktiven Lösung gehört?)

»Das Gespräch fand in einer offenen und konstruktiven Atmosphäre statt.«

(Jeder blieb wie immer bei seinem Standpunkt, wir haben uns nicht geeinigt.)

»Wir dürfen uns keine Illusionen machen.«

(Alles wird schlechter, solange uns Deppen wie ich regieren.)

»Wir haben unsere Hausaufgaben gemacht.«

(... es ist nur nichts dabei herausgekommen.)

»Das ist letztlich keine Frage des Geldes, sondern des politischen Willens.«

(... und der fehlt natürlich nur den anderen ...)

»Wir werden einen möglichst breiten gesellschaftlichen Dialog anstoßen und die Bürger so in den Entscheidungsprozess einbinden.«

(Das Thema ist so gänzlich unbedeutend, dass es Bürger selber entscheiden können.)

»Wir werden das in den nächsten Tagen in der Partei intensiv diskutieren.«

(Der Parteivorsitzende wird die Losung demnächst ausgeben.)

»Ich werde die Fragen im parlamentarischen Untersuchungsausschuss beantworten.«

(... wenn ich nur nicht so ein schlechtes Gedächtnis hätte ...)

»Wir brauchen wieder Visionen.«

(... um die Wähler weitere vier Jahre zu verarschen.)

»Wir müssen hart dafür arbeiten, dass die Bürger den Glauben an die Politik wieder zurückgewinnen.«

(... vielleicht mal ein Wahlversprechen auch einhalten, zumindest nach der nächsten Wahl.)

»Sie schrecken vor dumpfem Populismus nicht zurück.«

(Das sind die Forderungen der anderen.)

»Die Umfragen sind doch nur Momentaufnahmen. Viele Wähler entscheiden sich in den letzten Tagen.«

(Die Umfrageergebnisse sind schlecht.)

»Die Ergebnisse sind eine eindrucksvolle Bestätigung unseres Kurses.«

(Die Umfrageergebnisse sind gut.)

»Die Vorschläge sind sozial unausgegoren und gehen zulasten der kommenden Generationen.«

(Der Vorschlag kam von den anderen.)

»Unsere Partei stützt sich auf die Leistungsträger in der Mitte. Das sind nicht nur die mittelständischen Unternehmer. Das ist auch die Nachtschwester oder der Facharbeiter.«

(Wir sind schlichtweg populistisch.)

»Wir müssen sparen.«

(Die Bürger müssen sparen.)

»Sie reden doch nur unser Land schlecht«.

(Pauschalvorwurf an die Opposition)

»Wir werden eine Arbeitsgruppe beauftragen, eine tragfähige Lösung zu erarbeiten.«

(Sie werden von diesem Thema nie wieder etwas hören.)

»Wir haben ein hohes Maß an Übereinstimmung erzielt.«

(In der eigenen Partei wird gestritten.)

»Die Politiker sind heillos zerstritten.«

(In der anderen Partei wird gestritten.)

»Das Land braucht Aufbruchstimmung.« (auch: »Ein Ruck muss durch das Land gehen.«)

(Es gibt keinen Grund zu Optimismus.)

»Wir müssen die Menschen da abholen, wo sie sind.«

(... dafür haben wir ein paar sehr populistische Forderungen.)

»An der Basis schlägt das Herz der Partei.«

(... die Entscheidungen trifft der Vorstand aber allein.)

»Ich kenne die Sorgen und Nöte der Menschen aus der Region.«

(... auch nur aus der Zeitung und von meinem Chauffeur.)

Die beliebtesten Politikervokabeln in der Übersicht:

Politikervokabel	Was es bedeutet
Abweichler	Abgeordneter, der sich auf Grundgesetz Artikel 38 beruft und seinem Gewissen folgt. (»Der natürliche Feind des Abweichlers ist der Parteivorsitzende ...«, Harald Schmidt)
Allheilmittel	beschieden
Einem einfachen Bürger wird von Amts wegen nicht geantwortet, sondern ihm wird beschieden.	Negativ eingesetzt, um etwas abzulehnen, dessen positive Wirkung schwerlich bestritten werden kann. (»Die Unterstützung von Bedürftigen ist kein Allheilmittel.«)
Denkverbot(e)	Wenn Politiker eine völlig abwegige und unpopuläre Forderung wie Steuererhöhungen oder Kriegseinsätze durchdrücken wollen, dann sagen sie: »Denkverbote helfen hier nicht weiter.«
Durchpeitschen	Wenn ein Politiker eine Forderung ablehnt, aber kein Argument oder keine Mehrheit dagegen hat, dann sollte es wenigstens so langsam wie möglich gehen. Alles andere wäre durchgepeitscht. (Alle Einkünfte aus Nebentätigkeiten der Bundestagsmitglieder sollen veröffentlicht werden. Dies wollen die Regierungsfraktionen durch eine Änderung der Geschäftsordnung des Bundestages durchsetzen. Die Opposition lehnt dieses Vorgehen jedoch ab: »Das Thema ist zu wichtig, um es nun durchzupeitschen«, kritisierte ein CDU-Fraktionssprecher.)

Politikervokabel	Was es bedeutet
friedenserzwingende Maßnahme	schöne Formulierung für Krieg
Friedensmission	bei der NATO beliebter Ausdruck für Kriegseinsatz
Informationspanne	Wenn eine Lüge, ein versuchter Betrug oder sonstige Schweinereien an die Öffentlichkeit kommen.
Kollateralschaden von kollateral: seitlich angeordnet, benachbart	Das Wort Kollateralschaden wird von Politikern gerne gebraucht, um schwere Zerstörungen bzw. den Tod von Zivilisten zu verniedlichen.
Leere Kassen oder noch besser: leere öffentliche Kassen	Es ist gerade noch genug Geld dafür da, um unsere Tantiemen, Diäten, steuerfreie Bezüge und Altersversorgung zu bezahlen. Leider blieb für Soziales, Kultur oder Nahverkehr nichts mehr übrig.
Missbrauch	Wenn die andre Partei ein Thema gefunden hat, das bei den Wählern oder in den Medien besser ankommt. (»Merkel missbraucht das Thema für den Wahlkampf.«)
Patentrezept	Wird meist mit dem Zusatz »kein« verwendet. »Es gibt kein Patentrezept gegen Wirtschaftskrise/Arbeitslosigkeit/...« Das bedeutet: a) Die anderen Vorschläge sind schlecht; b) wir haben keine besseren Vorschläge; c) alles bleibt so, wie es ist.

Politikervokabel	Was es bedeutet
sachliche Debatte	Wenn die anderen in der Debatte besser dastehen: »Gesamtmetall-Hauptgeschäftsführer Hans Werner Busch fordert Rückkehr zur Sachlichkeit in der Lohndiskussion«. Natürlich sind immer nur die anderen unsachlich.
Versachlichung	Ruft ein Politiker zur »Versachlichung der Diskussion« auf, dann erwartet er, dass sein Standpunkt übernommen wird oder man sich gefälligst aus der Debatte heraushält.
zerreden	Wird immer dann benutzt, wenn ein Thema schnellstmöglich von der politischen Agenda verschwinden und der berechtigten Kritik entzogen werden soll. (»Wir sollten nicht das große Projekt einer nächsten Stufe der Unternehmenssteuerreform zerreden.«)

WENN SICH POLITIKER WIE DEPPEN BENEHMEN – DIE SCHLIMMSTEN ZWISCHENRUFE IM PARLAMENT

»Mit Verlaub, Herr Präsident, Sie sind ein Arschloch.«

Joschka Fischer (Die Grünen)
zu Bundestagsvizepräsident Richard Stücklen (CSU)

»Zuhälter!«

Michael Glos (CSU) zu Joschka Fischer (Die Grünen)
anlässlich der Visa-Affäre

»Windbeutel!«

Franz Müntefering (SPD) zu Guido Westerwelle (FDP)

»Himmel, Arsch und Wolkenbruch! Wie kann man nur so einen Blödsinn erzählen!«

Uwe Küster (SPD)

»Herr Ober, eine Brechstange, der Witz klemmt.«

Jochen-Konrad Fromme (CDU/CSU)

»Schwachmatiker!«

Hans Michelbach (CSU) zu Wolfgang Clement (SPD)

»Können Sie auch deutsch sprechen?«

Volker Kauder (CDU) zu Thea Dückert (Die Grünen)

»Alles Proleten!«

Peter Ramsauer (CDU/CSU)

PS: In der Legislaturperiode 2002–2005 soll sich der SPD-Politiker Jörg Tauss laut Helgoländer Vorbote insgesamt 2736-mal ungebeten zu Wort gemeldet haben.

DIE SINNLOSESTEN SOMMERLOCH-FORDERUNGEN

1991: Mercedes-Stern soll abmontiert werden

Die PDS zieht 1991 erstmals in den Bundestag ein. Doch so richtig schien es den Abgeordneten aus den neuen Bundesländern in Bonn nicht zu gefallen. Die PDS-Politikerin Ulla Jelpke forderte, den Mercedes-Stern auf dem »Bonn-Center« abzumontieren, bevor ihre Parlamentarier-Gruppe dort Quartier nimmt. »Das ist unerträglich«, beschwerte sie sich. Doch der Mercedes-Stern prangt noch heute auf dem Dach des Bürohauses am Bonner Bundeskanzlerplatz.

1993: Mallorca soll deutsch werden

Dionys Jobst setzt das Sommerlochthema schlechthin: Die Bild-Zeitung druckt seinen Vorschlag, die Ferieninsel Mallorca für 50 Milliarden Mark zu kaufen und zum 17. Bundesland zu machen. Außerdem solle Mallorca demnächst mit k geschrieben, Palma in Palmenhausen umbenannt und nur noch deutsches Bier verkauft werden. Jobst erklärte, er habe mit den Journalisten lediglich gewitzelt. Die Forderung sorgte für weltweites Aufsehen.

1994: Pizza-Steuer

Der CDU-Landwirtschaftsexperte Gottfried Haschke schlägt eine »Pizza-Steuer« vor, um deutsche Küche und Kochkunst zu schützen. Er wolle etwas gegen die extreme Verbreitung von ausländischen Gerichten wie Pizza tun, erklärte er. Jeder Gastronom sollte zusätzlich mindestens eine deutsche Mahlzeit anbieten.

1994: Schoko-Steuer

Auch die SPD prangerte 1994 die Ernährung der Deutschen an. Das süße Schoko-Laster der Deutschen mache krank und verursache großen volkswirtschaftlichen Schaden. Die SPD-Abgeordnete Brigitte Adler forderte daher eine Besteuerung für Lebensmittel mit verstecktem Zucker. Die Steuer wurde jedoch nie in geltendes Recht umgesetzt, denn selbst Brot wäre damit besteuert worden.

1996: Ausgehverbot für Jugendliche ab 21 Uhr

Sperrstunde für Teenies: Um die wachsende Jugendkriminalität einzudämmen, sollen junge Leute bereits ab 21 Uhr zu Hause sein, so die Forderung des CSU-Abgeordneten Norbert Greis. Er hatte sich diese Idee von US-Präsident Bill Clinton abgeguckt, der einen ähnlichen Vorschlag unterstützte. »Absurd und reaktionär«, so die Antwort von SPD und FDP. Die Idee wurde später als verfassungswidrig verworfen.

1997: Wahlrecht für Kinder

Lore Maria Peschel-Gutzeit (SPD, damals Hamburger Justizsenatorin) will das Wahlrecht für Kinder einführen. Eltern sollen pro Kind einen weiteren Stimmzettel ausfüllen dürfen. Der Grund: Das Wahlrecht gehöre zu den Grundrechten des Menschen wie die Menschenwürde. Ihr Motto: »One Man – One Vote« wurde schnell in »One Windel – One Vote« veralbert.

1998: Deutsche nur alle fünf Jahre in den Urlaub

Die Deutschen sollen nur alle fünf Jahre in den Urlaub fliegen, forderte die ehemalige Grünen-Bundestagsabgeordnete Hannelore Saibold. Schließlich gebe es auch in Deutschland schöne Flecken. Zudem sei es schwachsinnig, für drei Tage nach New York oder Bangkok zu fliegen.

1998: Fünf Mark für Benzin

Einen weiteren Minuspunkt holten sich die Grünen im Jahr 1998 durch die Diskussion um die Erhöhung der Benzinpreise. Innerhalb von zehn Jahren sollten die Preise allmählich auf fünf Mark erhöht werden. Der SPD-Spitzenkandidat Gerhard Schröder sagte öffentlich: »Das ist Quatsch und mit uns nicht zu machen.« Der Vorschlag, zusammen mit der geforderten Urlaubssperre, war im Jahr der Bundestagswahl ein PR-GAU für die Grünen.

2000: Arbeitslager für Hooligans

Für Hooligans werden im Jahr 2000 verschiedene Bestrafungen diskutiert. Der CSU-Bundestagsabgeordnete Benno Zierer forderte Maßnahmen, die an die deutsche NS-Vergangenheit erinnerten: Arbeitslager für Hooligans. Es könne nicht angehen, dass Straftäter mit einer Geldstrafe oder einer Haftstrafe auf Bewährung davonkämen, so Zierer. In den Lagern sollten sie die Verrichtung anstrengender Tätigkeiten üben. Die Forderung bekam jedoch wenig Unterstützung.

2006: Siesta in Deutschland

Siesta für das mediterrane Deutschland: Ex-SPD-Generalsekretär Klaus Uwe Benneter und der Grünen-Politiker Hans Christian Ströbele fordern die Einführung einer Siesta in heißen Sommern. Durch die hohen Temperaturen schlugen die Politiker eine Siesta von 12 bis 16 Uhr vor. Denn durch den Klimawandel gebe es in Deutschland zunehmend heiße Sommer, eine Änderung des Lebenswandels sei nötig.

Und hier noch ein paar weitere Sommerloch-Klassiker

Wehrpflicht durch Losentscheid
(Hans Raidel, CSU)

Halbierung der GEZ-Gebühren im Sommer
(Jan Dittrich, FDP)

Fußfesseln für Schulschwänzer
(Jörg Schönbohm, CDU)

Gratis-Handys für Obdachlose
(Bernd Köppl, Die Grünen)

Bußgeld für zu lautes Radiohören im Auto
(Wolfgang von Stetten, CDU)

Kindergeldkürzung für schlechte Eltern
(Markus Söder, CSU)

SCHWINDELNDE DEPPEN – EIN PAAR LUSTIGE LÜGEN DER POLITIKER

Agnes Hürland-Büning,
Ex-Parlamentarische Staatssekretärin

Am 27. April 2000 antwortete sie vor dem Untersuchungsausschuss zur CDU-Spendenaffäre auf die Frage, ob sie von der Firma Rheinstahl Geld bekommen hätte: »Nein.« Nachfrage: »Definitiv nicht?« Agnes bestätigt: »Definitiv.«

Fakt: Agnes widerruft im Juni 2000 große Teile ihrer Aussage.

Volker Kauder, CDU

»Ich garantiere Ihnen: Mit der CDU wird es keine Große Koalition im Bund geben.« Statement im Jahr 2005.

Fakt: Wenige Monate später gab es die Große Koalition im Bund mit einer CDU-Kanzlerin.

Roland Koch, CDU

Am 10. Januar 2000 erklärte der hessische Ministerpräsident, es gebe keine Einnahmen außerhalb der offiziellen Kassen.

Fakt: Koch kannte schwarze Konten der CDU, 9.02.2000

Angela Merkel, CDU

»Ich habe gesagt, ich will keine Große Koalition – und es wird sie auch nicht geben.«

Fakt: Wenige Monate später kam die Große Koalition mit der Kanzlerin Angela Merkel.

Laurenz Meyer, CDU

SZ: »Lassen Sie uns am Beispiel Irak-Krieg über den Einsatz für Deutschland reden. Wer war vor Jahresfrist ein Patriot: Kriegsbefürworter oder Gegner?«

Meyer: »Das ist kein gutes Beispiel. Die Union hat den Krieg nie befürwortet. Aber nachdem der Krieg begann, haben wir uns klar auf die Seite der USA, nicht auf die von Saddam Hussein gestellt. Denken Sie an Helmut Kohl. Der war und ist ein großer Patriot, er hat deutsche Soldaten bewusst nicht am ersten Irak-Krieg beteiligt.«
Süddeutsche Zeitung, 29.06. 2004.

Fakt: Die CDU hat den Irak-Krieg befürwortet, sie war sogar für einen Einsatz deutscher Soldaten im Irak. Im ersten Irak-Krieg kamen deutsche Bundeswehrsanitäter zum Einsatz.

Peter Rauen, CDU

»Wir haben uns übrigens schon länger für die Abschaffung des 70 Jahre alten Rabattgesetzes und der Zugabeverordnung ausgesprochen.« So sprach das Mitglied des CDU-Präsidiums am 13.12.2000.

Fakt: Die CDU war – zusammen mit der FDP – 16 Jahre lang an der Macht. Das Rabattgesetz wurde nicht abgeschafft.

»Fakt ist: Der Beitritt der Türkei wäre das Ende der politischen Union Europas.«
Europaminister Eberhard Sinner nach einer Türkeireise, 18.10.2004.

Das ist kein Fakt, sondern Sinners Vermutung.

Münchner Merkur: Ist völlig ausgeschlossen, dass Stoiber eines seiner beiden Ämter abgibt?
Markus Söder, CSU-Generalsekretär: »Ja – absolut.«, 4.01.2007.

Fakt: Wenig später gab Stoiber beide Ämter ab.

Steuern, Staat & Beamte

DEPPEN NATIONAL

Wir Deppen zahlen auf fast alles Steuern und wissen es noch nicht einmal. Hier eine Liste der unbekannten deutschen Steuern, manche davon wurden nach 1980 abgeschafft:

Kaffeesteuer
Essigsäuresteuer
Rennwettsteuer
Leuchtmittelsteuer
Schankerlaubnissteuer
Salzsteuer
Vergnügungssteuer
Feuerschutzsteuer
Zuckersteuer
Teesteuer
Biersteuer

Und das machen andere Deppen mit unserem Geld. Hier sind die schlimmsten Fälle von Steuerverschwendung, ausgewählt aus leider Tausenden ähnlicher Fälle, die vom Bund der Steuerzahler in ihren Schwarzbüchern kritisiert wurden:

Teure Rückenlehnen für Bänke

Ein Straßenzug an der Obertrave in Lübeck wurde zu einer Flaniermeile ausgebaut. Pannen bei Planung und Ausführung führten zu erheblichen Mehrkosten. Größte Einzelposition war die neue Fußgängerbrücke über die Trave, die über 900.000 Euro kostete. Insgesamt musste der Steuerzahler 5,4 Millionen Euro für die Promenadengestaltung aufbringen. Doch dann wurde Kritik laut: Die Bänke sind unbequem, weil Rückenlehnen fehlen. Jetzt hat die Stadt vier Bänke nachrüsten lassen. Kosten: 11.600 Euro.

Personalerfassungssystem

Der Plan: Alle Landesbehörden in Nordrhein-Westfalen sollen über das gleiche EDV-System für die Personalverwaltung verfügen. Dieser Wunsch der Landesregierung aus dem Jahr 1991 ist bis heute nicht erfüllt. Seither wird an einem gemeinsamen System gedoktert – Kosten: 43 Millionen Euro. Status quo: Fast jedes Ministerium arbeitet mit einer anderen Software.

Handel mit Kampfhunden subventioniert

Die Stadt Hamburg subventioniert seit Jahren den Handel mit Kampfhunden. Als ungefährlich begutachtete Hunde können vom Hamburgischen Tierschutzverein (HTV) vermittelt werden. Für jeden vermittelten Kampfhund erhält der HTV nach Vorlage Vermittlungskosten von bis zu 700 Euro erstattet. Die Vermittlung gewöhnlicher Hunde wird hingegen nicht subventioniert. Seit 2003 wurden insgesamt 206 wesensgeprüfte Kampfhunde vermittelt. Kosten insgesamt: 123.077,90 Euro.

Versetzung einer Skulpturengruppe

Mindestens 14.299, 32 Euro kostete die Versetzung der Skulpturengruppe »Sitz- und Flitzhasen« um wenige hundert Meter im Scharnhauser Park in Ostfildern. Die Skulpturengruppe wurde im Rahmen der Landesgartenschau 2002 in einem Landschaftsschutzgebiet aufgestellt. Doch das Landratsamt Esslingen stimmte dem Verbleib des Kunstwerks am alten Standort nicht zu.

Schleusenkanal »Tornitz ohne Wehr«

100 Millionen Euro soll der geplante Bau des 7,5 Kilometer langen Schleusenkanals »Tornitz ohne Wehr«, auch bekannt als Saale-Seitenkanal, kosten. Damit soll die Saale von Halle bis zur Elbmündung ganzjährig für Schiffe mit einer Lademenge von mehr als 1.000 Tonnen ertüchtigt werden. Einziger Denkfehler: Die Schiffe kommen dann auf der Elbe gar nicht weiter, weil die nötige Wassertiefe fehlt. Außerdem findet seit 2006 überhaupt kein Frachtverkehr mehr statt. Transportkapazitäten sind auf der Saale und weiter über die Elbe kaum noch gefragt. Dennoch hat das Land Sachsen-Anhalt das Raumordnungsverfahren eröffnet, Lobbyisten sagen traumhafte Transportaufkommen voraus. In den Ausbau des Saale-Hafens Halle sind seit 1996 mehr als 30 Millionen Euro öffentliche Mittel verbaut worden. Das Schiffs-Transportaufkommen ist trotzdem stetig gesunken.

Seit über drei Jahren hat der Hafen Halle kein Frachtschiff mehr gesehen. Er erwirtschaftete allein zwischen 2002 und 2004 über 1,7 Millionen Euro Verluste.

Abschaltung der Straßenlaternen

Die Schweriner Stadtverwaltung wollte Strom sparen und schaltete zu diesem Zweck in der Weststadt zwischen 23 und 4 Uhr die Straßenbeleuchtung ab. Zusätzlich ließ die Stadt 6.000 besondere Verkehrszeichen an den Laternenmasten montieren. Die Materialkosten dieser Informationsschilder lagen bei 4,12 Euro, der Montagepreis bei 2,90 Euro pro Stück. Bei 6.000 Verkehrs-Sonderzeichen wurde der Steuerzahler mit 42.120 Euro aus dem städtischen Haushalt also kräftig zur Kasse gebeten. Das besagte Sonderzeichen 394 wies die Verkehrsteilnehmer darauf hin, dass die Laterne nicht die ganze Nacht brennt. Am 31. März beschloss die Stadtverwaltung, die Straßenbeleuchtung in den Wohngebietsstraßen nachts doch wieder anzuschalten.

Aussichtsterrassen in den Weserauen

Auf dem Weserradweg in Höxter, dort, wo sich die Radwege R1 und R99 kreuzen, sieht man – die Weser, die Weserauen und ein Gebäude am gegenüberliegenden Flussufer. Ein paar Schritte weiter ist eine Aussichtsplattform. Von dort sieht man – genau das Gleiche. 73.000 Euro hat es gekostet, die Plattform neben dem Radweg zu bauen, eine Sitzstufenanlage daneben anzulegen und ein Informationsschild über die touristischen Nahziele aufzustellen. Ein Denkmal der Steuergeldverschwendung.

Delligser Dorfchronik

Die teure Dorfchronik des Fleckchens Delligsen im niedersächsischen Landkreis Holzminden bleibt unvollendet. Der Grund: Sie ist nicht veröffentlichungsreif. Eigentlich sollte die Festschrift schon zum 1.150-jährigen Bestehen des Ortes im Jahr 2000 herausgegeben werden. 165.219 Euro wurden in das Projekt investiert, von denen der Ort aus Steuermitteln 89.879 Euro und die Bundesagentur für Arbeit im Rahmen einer Arbeitsförderung 75.340 Euro beisteuerten. Doch wegen der vielen Feierlichkeiten kam der Historiker nicht zum Abschluss. Er versprach, nach Auslaufen seines befristeten Beschäftigungsverhältnisses die Arbeiten an der Chronik unentgeltlich fortzusetzen. Mittlerweile hat er die Arbeiten allerdings ganz eingestellt.

Gehaltserhöhungen bei den Stadtwerken

Der Geschäftsführer der Stadtwerke München GmbH (SWM) erhielt ab 2009 einen neuen Fünfjahresvertrag und rund 50 Prozent mehr Gehalt. Einschließlich einer erfolgsabhängigen Zulage zählt der Chef der SWM mit seinem neuen Jahressalär von rund 400.000 Euro damit zu den Spitzenverdienern unter den Managern städtischer Unternehmen. Nach Ablauf seines Fünfjahresvertrags wird er rund 17.000 Euro Rente pro Monat erhalten. Gleichzeitig wurden die Preise für Erdgas und für den Personennahverkehr durch das profitable städtische Unternehmen erhöht.

Wertvolle Minuten

1,35 Milliarden Euro sollte die ICE-Strecke München-Nürnberg den Planungen Ende der Achtzigerjahre zufolge kosten. Tatsächlich kostet der Ausbau der 171 Kilometer langen Trasse wohl rund 3,6 Milliarden Euro. Hauptproblem ist das unwegsame Gelände. Die Alternativstrecke über Augsburg wäre eine Milliarde Euro billiger gewesen. Doch der Weg über Ingolstadt verkürzt die Fahrtzeit um 23 Minuten – jede Minute davon kostet jetzt 65,2 Millionen Euro.

Männer in den Wald

Alle EU-Staaten haben sich dem Motto »Chancengleichheit für alle« verpflichtet. Da startete auch das nordrhein-westfälische Umweltministerium ein 50.000-Euro-Pilotprojekt im Nationalpark Eifel. Das Ziel: Den »unterschiedlichen Erwartungen von Frauen und Männern an Angebote der Waldpädagogik, der Umweltbildung und der forstlichen Öffentlichkeitsarbeit gerecht zu werden«. Dafür wurden Informationsmaterialien mit einer geschlechtergerechten Didaktik entworfen.

Teures Herz

»Weltstadt mit Herz« – für den 1972 zu den Olympischen Spielen kreierten Slogan suchte die Stadt München im Rahmen eines Kreativwettbewerbs ein Remake. 180.000 Euro des Gesamtbudgets von 1,3 Millionen Euro entfielen auf Konzeption und Betreuungsleistungen für das Logo und für die Marketingkampagne. Das Ergebnis: Ein leeres Herz, das mit verschiedenen Inhalten gefüllt werden kann.

Falscher Weg

15.000 Euro kostete die neue Asphaltdecke eines Weges in Mönchengladbach-Wickrath. Die Sanierung des ehemaligen Schotterwegs war nicht geplant. Ein neuer Mitarbeiter der Stadt hatte diese Maßnahme versehentlich ins Programm genommen. Nun soll die Straße wieder in ihren ursprünglichen Zustand versetzt werden, denn sie führt durch ein Landschaftsschutzgebiet. Wasserundurchlässige Straßendecken sind dort unzulässig.

Faule Fische

Der 550.000 Euro teure »Helix-Turmfischpass« ist weltweit einmalig. Seinen Bau verlangte die EU-Gewässerrahmenrichtlinie, als das Wasserkraftwerk an dem gestauten Fluss in Raisdorf bei Kiel saniert wurde. Durch den Turmpass können Fische die Staustufe nun überwinden und sich dabei in sechs Ruhebecken erholen. Zweifel an dem Bau äußerten ausgerechnet Naturschützer: Jenseits der Staustufe sei kein geeigneter Lebensraum. Der Weg dorthin war den Fischen auch davor fast hundert Jahre lang versperrt.

Teurer Parkplatz

Den wohl teuersten Parkplatz Deutschlands erwarb das Land Hessen in Berlin. Um die unansehnliche Brache neben seiner Landesvertretung zu beseitigen, kaufte das Bundesland der Bundesrepublik das 4.200 Quadratmeter große Grundstück ab. Kaufpreis: 8.250.150 Euro plus 310.000 Euro Erwerbsnebenkosten. Dort werden vorerst einmal Parkplätze eingerichtet.

Teure Arbeit

Das Arbeitsamt wollte sein Image aufpolieren, nannte sich »Arbeitsagentur« und gab ein neues Logo in Auftrag. 100.000 Euro kostete der Entwurf für das neue »A« und für das Farbkennungssystem von Informationsmaterial für den Imagewechsel. Der Unterschied im Design liegt vor allem in der Farbgebung. Die Kosten für die Neuausstattung der einzelnen Dienststellen sind nicht bekannt, ebenso wenig die Gesamtkosten für alle Umstellungen im Rahmen der Imagekampagne. Jedoch allein für neue Dienstsiegel, Stempel und Amtsschilder fielen 358.000 Euro an.

DEPPEN IN BRÜSSEL: DIE BESTEN MYTHEN ÜBER DIE EUROPÄISCHE UNION

In Brüssel arbeitet ein aufgeblähter Beamtenapparat
Tatsächlich arbeiten rund 30 000 Beamte für die Europäische Union. Am Frankfurter Flughafen sind mehr als doppelt so viele Menschen beschäftigt. Was wenige wissen: Deutsche Beamte und Angestellte, die in Brüssel für die Deutsche Botschaft oder die Vertretungen der Länder arbeiten, verdienen im Durchschnitt mehr als ihre EU-Kollegen in Brüssel. Die EU-Beamten zahlen wie alle anderen Unionsbürger auch Steuern: Ihre Einkommenssteuer fließt in den Haushalt der EU.

Deutschland ist der Zahlmeister der EU
Deutschlands Beitrag an die EU beträgt 22 Milliarden Euro jährlich. Zurück fließen davon mehr als 15 Milliarden an Hilfen für strukturschwache Regionen, für die Landwirtschaft sowie für zahlreiche Ausbildungs- und Beschäftigungsprogramme. So verbleiben als Nettobetrag 6 bis 7 Milliarden. Aber: Keine andere europäische Volkswirtschaft profitiert in dem Maß von dem europäischen Binnenmarkt wie die deutsche. Während 1994 deutsche Güter im Wert von 17 Milliarden Euro in die EU exportiert wurden, waren es nur ein Jahr nach der Osterweiterung 2004 bereits 68 Milliarden Euro.

Die EU höhlt Deutsch als Amtssprache aus
Anders als in diversen Pressemeldungen berichtet, wurde Deutsch im Zuge der Erweiterung nicht als eine von drei EU-Amtssprachen (neben Englisch und Französisch) abgeschafft. Das bedeutet: Sämtliche Vorlagen, über die EU-Kommissare zu entscheiden haben, müssen auch weiterhin in drei Sprachen verfasst sein. Zudem ist geregelt, dass sich jeder Unionsbürger schriftlich in einer der 23 Amtssprachen an jedes Organ und jede Einrichtung der EU wenden kann und eine Antwort in seiner Sprache erhalten muss.

Das »Irrenhaus« EU will Lärmkontrolle in Konzertsälen

Kontrolleure der EU, die mitten in eine Opernaufführung platzen und sie beenden, weil die Musik zu laut ist, Wagner nur noch in Zimmerlautstärke erlaubt – die Boulevard-Presse hatte wieder einmal ein Thema, um über das »Irrenhaus EU« zu schimpfen. Im Februar 2006 hat die EU einstimmig schärfere Lärmgrenzwerte beschlossen, die für sämtliche Bereiche des Arbeitslebens gelten, von Baustellen bis zu Fabriken. Bei der verfügten Lärmobergrenze handelt es sich jedoch nur um einen wöchentlichen Durchschnittswert. Wird dieser überschritten, muss etwas gegen die Lautstärke getan werden. Bei Orchestern wäre zum Beispiel eine bessere Dämpfung von Proberäumen, der Einsatz von Stellwänden oder die Änderung der Sitzordnung denkbar.

Brüssel zwängt Einheitsgrößen von Kondomen auf alle europäischen Männer

Die Europäische Union hat 1993 eine Anordnung über medizinische Vorrichtungen herausgegeben. Das Kondom wurde in dieser Anordnung als eine medizinische Vorrichtung eingestuft. Daraufhin wurde das Europäische Komitee für Normung damit beauftragt, eine europäische Spezifizierung für Kondome auszuarbeiten, um diese Anweisung zu unterstützen. 1996 wurden gewisse Größenordnungen bestimmt. Die Länge sollte dabei nicht weniger als 160 Millimeter betragen und die Weite nicht mehr als 2 Millimeter von der nominalen Weite abweichen. Hierbei handelt es sich aber nur um eine neue Norm und nicht um eine Richtlinie

---

Betretten der
Bühne
VERBOTEN !
Elter haften für ihre Kinder.

Deutsche Sprache, schwere Sprache

DIE HÄUFIGSTEN FEHLER IM DEUTSCHEN

Die sind die am häufigsten falsch geschriebenen Worte im Deutschen. Das Substantiv Narzissmus wird nach Studien in 7 Prozent der Verwendungen falsch geschrieben.

Häufige Fehler	Wie man es wirklich schreibt	Grund
agressiv	aggressiv	ungewöhnliche Buchstabenkombination »ggr«
Akkustik	Akustik	falsche Analogie zu Akku(mulator)
Amaturenbrett	Armaturenbrett	Nichtaussprechen eines r nach langem Vokal
assozial	asozial	falsche Aussprache mit stimmlosem s
Atrappe	Attrappe	ungewöhnliche Buchstabenkombination »ttr«
Authorisierung	Autorisierung	inspiriert vom englischen»authorisation«
Billiard	Billard	Aussprache, engl. »billiards«
bischen	bisschen	neue Rechtschreibung, früher »bißchen«
Bisquit	Biskuit	Aussprache

Häufige Fehler	Wie man es wirklich schreibt	Grund
bombadieren	bombardieren	postvokales r im Norddeutschen (siehe auch Scharnier, Turnier, Armatur)
brilliant	brillant	Aussprache, engl. »brilliant«
Capuccino	Cappuccino	mangelnde Kenntnis der italienischen Sprache
der selbe	derselbe	seit dem ersten Duden von 1880 unverändert
detailiert	detailliert	Orientierung an »Detail«
dilletantisch	dilettantisch	Aussprache
Diphterie	Diphtherie	seltene Buchstabenkombination phth in Wörtern griechischen Ursprungs
Eigenbrödler	Eigenbrötler	Aussprache
Entgeld	Entgelt	falsche Annahme eines Kompositums zu Geld
entgültig	endgültig	falsche Annahme der Vorsilbe ent-
die erfahrendste	erfahrenste	Missdeutung als Partizip
Extase	Ekstase	Anlehnung an andere Wörter mit Ex-
fröhnen	frönen	vermeintliche Notwendigkeit, die Länge des Vokals auszudrücken
Gallionsfigur	Galionsfigur	gängige Aussprache mit kurzem »a«
Gebahren	Gebaren	Anlehnung an Bahre
gesäht	gesät	vermeintliche Notwendigkeit, die Länge des Vokals auszudrücken
Gradwanderung	Gratwanderung	falsche Herleitung von Grad

Häufige Fehler	Wie man es wirklich schreibt	Grund
Gries	Grieß	historische Schreibung
gröhlen	grölen	vermeintliche Notwendigkeit, die Länge des Vokals auszudrücken
hahnebüchen	hanebüchen	falsche Assoziation mit Hahn
hälst	hältst	Aussprache, Häufung von Konsonanten erscheint unnatürlich
Imbus(schlüssel)	Inbus(schlüssel)	Inbus ist ein Markenname
Ingredenzien	Ingredienzien, auch richtig für den Plural: Ingredienzen	unsaubere Aussprache
Kandarre	Kandare	Gängige Aussprache mit kurzem »a«
Lapalie	Lappalie	im Deutschen unübliche Konsonantenverdoppelung vor der Betonung
läd	lädt	Endung »t« bzw. »et« in der 3. Pers. Singular wie in »badet« nicht erkannt
Lilliputaner	Liliputaner	englische Originalschreibweise von Jonathan Swift ist Lilliput
lizensieren, Lizensierung	lizenzieren, Lizenzierung	Aussprache
maniriert	manieriert	Wortbestandteil Manier (Art und Weise) nicht erkannt
narzistisch	narzisstisch	Kommt vom Namen Narcissus
nießen	niesen	auf Aussprachefehler (falsche Aussprache mit stimmlosem »s«) zurückzuführen

Häufige Fehler	Wie man es wirklich schreibt	Grund
Obulus	Obolus	Aussprache (o und u sind in der Aussprache im Wort schlecht zu unterscheiden)
orginal	original	Aussprache
Pavillion	Pavillon	Aussprache; sinngemäß wie brillant und Billard
pieken, pieksen	piken, piksen	Stammt von Pike (mittelalterliche Waffe)
projezieren	projizieren	Aussprache; falsche Analogie zu Projektor
quängeln	quengeln	Fehler durch Rechtschreibreform
Reeling	Reling	Aussprache mit langem »e«
Reflektion	Reflexion	falsche Substantivierung von reflektieren
Religiösität	Religiosität	falsche Substantivierung von religiös
Reperatur	Reparatur	Aussprache, sinngemäß genauso: seperat
Resource	Ressource	Im Englischen schreibt man das Wort mit einem s.
Rückrad, Rückgrad, Rückrat	Rückgrat	Wortteil Grat nicht erkannt
Rhytmus, Rythmus	Rhythmus	ungewöhnliche Buchstabenkombinationen Rh und th
Schärflein	Scherflein	Aussprache
seperat	separat	Aussprache
Seriösität	Seriosität	falsche Substantivierung von seriös
skuril, skurill	skurril	Aussprache

Häufige Fehler	Wie man es wirklich schreibt	Grund
sowas	so was	falsche Zusammenschreibung der Verkürzung aus so etwas
Spirenzchen	Sperenzchen	Aussprache
Standart	Standard	falsche Analogie zu Standarte
Stehgreif	Stegreif	falsche Herleitung aus stehen und greifen
Streußelkuchen	Streuselkuchen	falsche Aussprache mit stimmlosem s
Subsummieren	subsumieren	falsche Verbindung zu Summe
Sylvester	Silvester	Aussprache, der Silvestertag leitet sich von Papst Silvester I. ab
Syphon	Siphon	Aussprache
Terrabyte	Terabyte	Aussprache mit kurzem e
totlangweilig	todlangweilig	falsche Herleitung vom Adjektiv tot
totschick	todschick	Die deutsche Schreibung ist erstaunlich, da das Wort auf frz. tout chic zurückgeht
Verließ	Verlies	Wortverwandtschaft zu verlassen, er verließ
Verwandschaft	Verwandtschaft	Häufung von Konsonanten erscheint unnatürlich
vorraus	voraus	falsche Herleitung aus vor und raus, analog bei herraus
Wehrmutstropfen	Wermutstropfen	Aussprache mit langem »e«
Wehrwolf	Werwolf	Aussprache mit langem »e«
wiederspiegeln	widerspiegeln	falsche Analogie zu wiedergeben etc.

1) dass/das

Das Verbindungswort »dass« unterscheidet sich von »das«, welches als bestimmter Artikel (Er holt das Bier), Demonstrativpronomen (Mir gefällt das sehr) und Relativpronomen (Das Pferd, das die Ohren spitzte) zum Einsatz kommt.

Wann benutzt man also »das« und wann »dass«?
- dass koppelt zwei Sätze
- das beschreibt einen Sachverhalt näher

Damit man sich das merken kann, gibt es diese Eselsbrücke: »Immer, wenn ›das‹ mit ›dieses‹, ›jenes‹ oder ›welches‹ ersetzt werden kann, schreibt man ›das‹.«

2) seit/seid

»Seit« ist zeitlich gesehen, »seid« die 2. Form Plural des Verbs »sein«.

Beispiel:
Wir sind, ihr seid, sie sind. Seit ich das Verb konjugieren kann, fällt mir die Unterscheidung zwischen ›seit‹ und ›seid‹ gar nicht mehr schwer.

3) als/wie

»Als« benutzt man bei Ungleichheit, »wie« bei Gleichheit oder einer relativen Angabe, wie etwa »halb so viel wie du«.

4) Anscheinend und scheinbar

»Scheinbar« heißt nur scheinbar anscheinend. »Anscheinend« steht für eine Vermutung: Etwas ist so, wie es scheint.
»Scheinbar« dagegen bedeutet, dass etwas nur nach außen hin so scheint, in Wirklichkeit aber ganz anders ist.

5) Hyperlativ: Worte, die man nicht mehr steigern kann!

Manche Wörter kann man einfach nicht weiter steigern, weil sie schon absolut sind.

Beispiel:
einzig, optimal, aktuell, einmalig, fertig, ganz, ideal, kein, lauwarm, legal, minimal, maximal, mündlich, quadratisch, schwanger, tot, total, unnahbar, richtig, falsch

Bei geistiger Unfähigkeit sinkt die Intelligenz

WENN DEPPEN ENGLISCH REDEN – SCHEINANGLIZISMEN

Es gibt eine ganze Reihe von Wörtern, die nach großer weiter Welt klingen, die aber in England niemand verstehen würde: die Scheinanglizismen.

Im Deutschen verwendet	Bedeutung dieses Wortes im Englischen	Richtiges Englisch
Beamer	BE: Unsportliches Schleudern beim Cricket auf die obere Körperhälfte	video projector
Beauty Farm	existiert nicht	spa
Boxen (im Sinne von Lautsprecher)	box = Schachtel	(loud)speaker
Catcher	Fänger (Position im Baseball)	wrestler
checken	to check = überprüfen; im Sport auch für einen körperlichen Angriff auf einen Gegner	to understand, to comprehend, to grok (ugs.), to get it (ugs.), to dig (ugs. veraltet)
DJane, sheDJ	existiert nicht	(female) DJ
Dressman	existiert nicht, kann als Transvestit interpretiert werden	(male) model
Funsport	existiert nicht	existiert nicht als fester Ausdruck, etwa: a fun sport
Handy	Adjektiv: griffbereit, nützlich, praktisch, geschickt	mobile(phone); cell(phone), cellular (US)
Hometrainer	existiert nicht	fitness machine
Kickboard	Schwimmbrett (eine Schwimmhilfe)	scooter, kick scooter
Logical	Adjektiv: logisch, logisch denkend, klar denkend	logic puzzle
Longseller	existiert nicht	existiert nicht als fester Ausdruck, etwa: long-term seller

Im Deutschen verwendet	Bedeutung dieses Wortes im Englischen	Richtiges Englisch
Mailbox	(elektronischer) Briefkasten	BBS, bulletin board system (historisch)
Messie	existiert nicht	compulsive hoarding, a messy person
Oldtimer	old-timer: »alter Hase«, Veteran, auch: altmodische Sache (eher abwertend)	vintage car; classic car; veteran car
Posting	existiert nur im Gerundium, nicht als Substantiv	post, message; im Usenet ggf. auch: news post, usenet post
Shootingstar	Sternschnuppe	newcomer, rising star
Showmaster	existiert nicht	host, compère (UK), show host, MC (= Master of Ceremonies), emcee (lautmalerisch für MC)
Talkmaster	existiert nicht	chat-show host, talk-show host
topfit	existiert nicht	physically fit, in very good shape
trampen	umherstreifen, vagabundieren	to hitchhike
Twen	existiert nicht	person in their twenties, twentysomething

Die Gesellschaft für die deutsche Sprache hat ein deutsches Wort für »Handy« gesucht. Hier die noch schlimmeren deutschen Vorschläge, die allesamt verworfen wurden: Anrufli, Calli, Digifon, Nervi, Ohrly, Porteko (portable Telekommunikationseinheit), Porty, Protzfon, Yuppielutscher

WIR DENKEN, WIR WÜSSTEN, WOHER DIESE WÖRTER STAMMEN – DOCH WIR DEPPEN IRREN

Ein paar Irrtümer

Amtsschimmel:
kommt nicht vom Schimmelpferd, sondern von »Simile« (bedeutet Musterformular)

Bratwurst:
kommt nicht von gebratener Wurst sondern von Brät (klein gehacktes Fleisch)

Bulle:
ist kein Vergleich von Polizisten mit Horntieren, sondern eine Variation des rotwelschen »Puhler« (Polizist)

Friedhof:
hat mit Frieden nichts zu tun, sondern stammt vom »Frithof« (eingefriedeter, beschützter Platz)

Hängematte:
kommt nicht von hängender Matte, sondern vom indianischen »Hamaca«

Schattenmorellen:
der Name kommt nicht vom Schatten, sondern vom »Château de Moreille«

Sprüche, Phrasen und Ermahnungen

DIE KLASSIKER

Von Generation zu Generation sagen Eltern dieselben Sprüche. Hier die Klassiker der Ermahnungen, mit denen Deppen-Deutschland im Elternhaus regiert wird:

(zum Vater) Sprich mal ein Machtwort!

... und in Indien (wahlweise Afrika) müssen die Kinder verhungern.

... gleich gibt's Popoklatsche mit Anlauf.

... sonst bringen wir euch ins Kinderheim und holen uns neue Kinder.

Abends kommst du nicht ins Bett und morgens nicht raus.

Als ich in deinem Alter war ...

Ausziehen, waschen und ab ins Bett!

Bedank dich mal bei Oma.

Bevor die Hausaufgaben nicht gemacht sind,
gehst du nicht aus dem Haus.

Da bist du noch zu klein für.

Da waren die Augen wieder größer als der Mund.

Da werden wir noch ganz andere Saiten aufziehen.

Dann weht aber ein anderer Wind.

Das hat ein Nachspiel.

Das Haus verliert nix.

Das heißt »wie bitte«.

Das Maß ist voll.

Das sieht hier ja aus wie bei den Hottentotten.

Dass du dich nicht schämst!

Deck mal den Tisch.

Deine Ohren sind so dreckig, da kann man ja Radieschen drin säen.

Der Klügere gibt nach.

Draußen scheint die Sonne und du sitzt vor dem Fernseher.

Du bekommst noch ganz viereckige Augen
vom vielen Fernsehschauen.

Du bist aber nicht »die Anderen«!

Du bringst mich noch zur Weißglut!

Du denkst wohl, du bist hier im Hotel?

Du hast doch schon deinen Vater gefragt
und der hat Nein gesagt …

Du kannst mit mir über alles reden.

Du kriegst gleich eine, dass du meinst, ein D-Zug hat dich gestreift.

Du lernst nicht für mich, sondern fürs Leben.

Du solltest doch um 8 Uhr daheim sein,
jetzt ist es 9. Ich hab mir schon Sorgen gemacht.

Du stinkst ja vor Faulheit!

Ein Indianer kennt keinen Schmerz.

Ellbogen vom Tisch!

Erst kommt die Arbeit und dann das Vergnügen.

Es liegen schon ein paar Erfrorene auf der Straße.

Fahr vorsichtig!

Finger aus'm Mund!

Frag Papa, ich sag auf jeden Fall Nein.

Fräulein, mit dir hab ich noch'n Hühnchen zu rupfen!

Fräuleinchen, komm mal hierher!

Gegessen wird, was auf den Tisch kommt.

Gleich fällt der Watschenbaum um!

Hier sieht's aus, als hätte eine Bombe eingeschlagen!

Hör zu, wenn ich mit dir rede!

Ich bin doch nicht deine Putzfrau.

Ich hätte mich nie getraut, so mit meiner Mutter zu reden.

Ich hoffe, du bekommst später mal einen Sohn/ eine Tochter, die genauso wird wie du.

Ich komme in einer Viertelstunde wieder und dann ist das Zimmer pi-co-bel-lo!

Ich musste mir damals das Zimmer mit meinem Bruder teilen.

Ich sag's dir noch einmal im Guten.

Ich will jetzt nichts mehr hören!

Ich zähl jetzt bis drei, dann ...(drohend) eeeeeeiinnnnss ... (noch drohender) zweeeeeeeiiii ...

Ihr habt ja keine schlechten Zeiten mitgemacht.

Ihr wisst ja gar nicht, wie gut ihr es habt.

Immer nur haben, haben, haben!

Iss, damit du groß und stark wirst.

Jetzt beginnt der Ernst des Lebens.

Jetzt denk doch mal mit.

Jetzt spuck mal nicht so große Töne.

Jetzt wirds mir langsam zu bunt.

Keine Widerrede!

Kind, wir meinen es doch nur g u t mit dir ....

Kleine Sünden straft der liebe Gott sofort.

Lange schau ich mir das nicht mehr an.

Lass doch mal frische Luft rein!

Lies mal ein Buch (anstatt immer nur diese Comics)!

Lüg mich nicht an!

Mach dir halt ein Käsebrot.

Mach mal die Augen zu, dann siehst du, was dein's ist!

Mach nicht so einen krummen Rücken!

Mein lieber Freund und Kupferstecher ...

Mit dem Essen spielt man nicht.

Mit nackten Fingern zeigt man nicht auf angezogene Menschen.

Mit vollem Mund spricht man nicht!

Na also, es geht doch ...

Nach dem Klo und vor dem Essen Händewaschen nicht vergessen.

Nachtisch gibt's erst, wenn du aufgegessen hast.

'Ne Ansichtskarte hättest du ja wenigstens mal schreiben können.

Nicht, solange du deine Füße unter meinen Tisch stellst.

Nimm besser den Schirm mit.

Nimm den Löffel zum Mund und nicht den Mund zum Löffel.

Nimm die Hand vor den Mund.

Nimm dir mal ein Beispiel an ...

Nimm ein Taschentuch und nicht den Ärmel!

Nimmst du wohl die Füße vom Tisch!

Rufst du an, wenn du da bist?

Schling nicht so.

Schon wieder barfuß, wundere dich nicht, wenn du nachher erkältet bist.

Setz dich gescheit hin.

Sitz ruhig beim Essen.

So gehst du mir nicht aus dem Haus.

So haben wir nicht gewettet, Freundchen.

So schnell schießen die Preußen nicht.

Trink nicht aus der Flasche.

Um die Zeit willst du noch fortgehen?

Und ab die Post!

Vergiss deinen Turnbeutel nicht.

Was bis 12 Uhr nicht aufgeräumt ist, verschenk ich ans Rote Kreuz.

Was sollen denn die Nachbarn denken?

Wenn dein Kopf nicht angewachsen wäre,
hättest du ihn längst irgendwo vergessen.

Wenn du das noch mal machst, kommst du ins Internat.

Wenn du etwas möchtest, dann sag das Zauberwort.

Wenn du nicht aufisst, scheint morgen die Sonne nicht.

Wenn du nicht brav bist, nehme ich dich nicht mehr mit.

Wenn ich aufstehen muss, knallt es!

Wenn zwei das Gleiche tun, ist es noch lange nicht dasselbe.

Wer nicht hören will, muss fühlen.

Wie oft soll ich das noch sagen?

Wippel nicht so mit dem Stuhl rum.

Wir sind jeden Sonntag mit den Eltern in die Kirche gegangen,
da gab es kein »Ich hab keine Lust«.

Woanders müssen die Kinder viel mehr im Haushalt helfen.

Zähne putzen, ausziehen, ab ins Bett!

Zieh die Hose hoch!

Zieh ordentliche Unterwäsche an, denn du könntest einen Unfall haben, und was würden dann die Ärzte denken?

MUTTIS ZENTRALE RATSCHLÄGE

Auf Obst trinkt man kein Wasser.

**Bonbons darfst du nicht beißen,
sonst ruinierst du dir die Zähne.**

Eichen sollst du weichen, Buchen sollst du suchen!

Heb das nicht auf, da hat ein Hund rangepinkelt.

Hüte dich vor Hornissen – drei Stiche können tödlich sein!

Hunde, die bellen, beißen nicht!

Iss kein warmes Brot, sonst bekommst du Bauchweh!

**Iss morgens wie ein Kaiser, mittags wie ein König
und abends wie ein Bettler.**

Kartoffeln machen nicht dick.

**Knabber nicht an den Fingernägeln,
die wachsen dann nie mehr nach.**

Knacke nicht mit den Gelenken, sonst werden sie steif.

**Lies nicht bei schlechtem Licht,
sonst verdirbst du dir die Augen!**

Man braucht täglich wenigstens eine warme Mahlzeit!

Pilze darf man nicht aufwärmen!

Schiele nicht absichtlich, sonst bleibt dir das!

Schluck den Kaugummi nicht runter, der verklebt den Magen.

Spinat darf man nicht aufwärmen!

**Tiefgefrorenes darf man nach dem Auftauen
auf keinen Fall wieder einfrieren!**

Zieh deine Nase nicht hoch, das verklebt das Gehirn.

**Zieh nicht immer solche Grimassen,
sonst bleibt das Gesicht so stehen.**

Zu viele Eier sind ungesund.

Zünde deine Zigarette nie an einer Kerze an!

TYPISCHE FRAGEN VON MÜTTERN

Hast du dir das auch gut überlegt?

Hast du die Zähne schon geputzt?

Hast du dir die Hände gewaschen?

Ist das zu viel verlangt?

Mit wem triffst du dich denn jetzt schon wieder?

Schämst du dich gar nicht?

Soll ich Papa holen?

Und was ist der Dank?

Wann kommt denn jetzt der Nachwuchs?

Warum nicht gleich? Muss man mit euch immer erst schimpfen?

Was bildest du dir eigentlich ein?

Wenn der X aus dem Fenster springt, tust du es dann auch?

Weißt du endlich, was du einmal werden willst?

Wer hat dir denn diesen Floh ins Ohr gesetzt?

Wer fährt? Trinkt der auch nicht?

Wie lange dürfen die anderen denn?

Wo ist der Autoschlüssel?

Wo willst du denn jetzt noch hin?

DEPPENDEUTSCH

Hier sind sie: Noch brühwarm – die dummen Wortspiele und Sprüche, die keiner mehr hören kann, aber die dennoch nie aussterben werden:

Ach, wirklich?

Alles cool in Istanbul?

Alles cool in Kabul?

Alles fesch in Marrakesch?

Alles fit im Schritt?

Alles fit in Moabit?

Alles glatt in Islamabad.

Alles klar in Nicaragua?

Alles Klärchen.

Alles Roger Whitaker?

Am Ende des Tages sehen wir weiter.

Anyway.

Arsch mit Ohren.

Au reservoir (statt: Au revoir)!

Auf Video sehen.

Bis baldrian!

Bis Dannimanski!

Bis Danzig!

Buongiorno, John Porno!

Buongiorno, Adorno!

Ciao cescu!

Da beißt die Maus keinen Faden ab.

Da bin ich ganz bei Ihnen.

Da sind wir gut aufgestellt.

Da steckt man nicht drin.

Dagegen bin ich algerisch.

Das geht auf keine Kuhhaut.

Das geht g a r nicht!

Das hältste im Kopf nich aus!

Das ist abgefahren!

Das ist das einzigste ...

Das ist kein Problem, das ist eine Herausforderung.

Das kann doch nicht Warstein!

Das kannste knicken.

Das kannste mit mir nicht machen.

Das Leben ist kein Ponyhof!

Das macht Sinn!

Das Projekt ist noch in der Pipeline.

Dem kann ich mich nur vollinhaltlich anschließen.

Dieses Schreiben ist ohne Unterschrift gültig.

Eierfarben (statt: Feierabend)

Emil (statt: E-Mail)

Eschenbacher (statt: Aschenbecher)

Gefickt eingeschädelt.

Geht das zusammen oder getrennt?

Geht nicht, gibt's nicht!

Geht nichts drüber.

Gute Frage, nächste Frage.

Guten Tacho!

Hallöchen Popöchen!

Hammerhart!

Hau rein!

Heroin-spaziert!

Holla, die Waldfee!

Hopfenkaltschale (für Bier)

Ich geh noch mal für kleine Königstiger.

Ich lach mich weg!

Ich sach ma ...

Immer locker durch die Hose atmen. Is halt so.

Ist gebongt.

Ist nicht wahr!

Ja gut, ich würd sagen ... so ist's Leben!

Jeder, wie er's braucht.

Jetzt ist Ende Gelände.

Kann er hier nicht, Kanada.

Kein Thema!

Kommt gar nicht in die Tüte.

Leg dich wieder hin (am Ende eines Telefonats).

Mach's gut, aber nicht zu oft.

Mahlzeit!

Mal unter uns Betschwestern, ich glaube, das wird nix mehr mit uns hier ...

Man steckt ja nicht drin.

Mannomann!

Mannometer!

Mein lieber Herr Gesangsverein, da geht Ihnen jetzt der Arsch auf Grundeis, nicht wahr?

Muss ja ...

'N Stück weit ...

Na, dann woll'n mer mal.

Na, Urlauber ...? (am ersten Tag nach dem Urlaub)

Nee, is klar ...

Nicht wirklich, oder?

Nix zu danken.

Nu klingelt das Teflon.

Proust Mahlzeit!

Satz mit x, war wohl nix!

Schankedön!

Schau'n mer mal ...

Schicht im Schacht.

Schieß mich tot!

Schittebön!

Schlepptop (für Laptop)

Schönen Gruß vom Getriebe ...

See you later, alligator!

Sellerie, wie der Franzose sagt.

Sleep very well in your Bettgestell!

Steht nicht dafür ...

Stimmt's oder hab ich recht?

Stück mal 'n rück!

Tja, das war wohl 'n Satz mit x!

Tschau mit Au!

Tschüssikowski ...

Tut mir echt sorry, aber mir steht's bis Oberkante Unterlippe.

Unter uns Pastorentöchtern ...

Vielleicht erst mal 'ne Latte?

Voll ins Klo gegriffen.

Was kann ich gegen Sie tun?

Was muss, das muss ...

Wer nicht will, der hat schon ...

Wer weiß, wofür es gut ist?

Wie geht's, wie steht's? Schlechten Leuten geht's immer gut …

Wie geht's deiner Frau und meinen Kindern?

Wie geil ist das denn?

Wie jetzt?

Wiedersehen macht Freude!

Wir arbeiten daran.

Wir müssen die Leute da abholen, wo sie stehen.

Wir müssen die Leute mit ins Boot holen.

Wir müssen uns committen.

Wir telefonanieren.

Wird schon gut gehen.

Wirsing.

Wonderbra (statt: wunderbar).

Wunderbärchen …

Zum Bleistift.

28 jähriger Beamter sucht
Nebentätigkeit, nach Mög-
lichkeit ganztags

DEPPERTE FRAGEN, DIE WIR ALLE KENNEN

Darf's a bissl mehr sein?

Kann ich dich mal was fragen?

Na, was macht die Familienplanung?

Na, was machst du gerade? (beim Telefonieren)

Na, wie war das Wochenende?

Schläfst du schon?

Welches Schweinderl hätten Sie denn gerne?

Was bitte sind ›Frühstücks-Cerealien‹?

Wadde hadde dudde da?

DUMME SPRÜCHE BEI DER BUNDESWEHR

Wenn die Rekruten zu langsam sind:

Ihnen kann man beim Laufen ja die Schuhe klauen!

Ihnen kann man beim Laufen ja die Hufe besohlen!

Wenn Ihnen Efeu an den Stiefeln wächst, dann waren Sie zu langsam!

Wenn Ihnen schwarz vor Augen wird, dann sind Sie eingeschlafen!

Sie haben 10 Sekunden Zeit. Neun sind um.

Hauen sie die Hacken in den Teer. Ich will Gummi riechen!

In dieser Zeit hätte meine Oma eine ganze Insel bevölkert!

GROSSSTADTMYTHEN

Die Geschichte ist nie passiert – und wird doch immer wieder so erzählt, als wäre sie gerade geschehen. Aber nur Deppen glauben das ...

Die Leiche im Porsche

Der Freund eines Freundes hat einen unglaublich billigen Porsche gekauft. Warum? Der Vorbesitzer wurde im Wagen ermordet und der Geruch der Leiche geht nicht mehr raus.

Die geschenkte Mikrowelle

Die Freundin einer Freundin hat unterwegs am Straßenrand eine Mikrowelle entdeckt, die sie für Sperrmüll hält, in den Kofferraum packt und mit nach Hause nimmt. Wenig später klingelt die Polizei. Es war nämlich keine Mikrowelle, sondern eine Radarfalle.

Die Spinne im Rücken

Ein Mädchen kommt mit einem kleinen Geschwür auf dem Rücken aus dem Urlaub in Afrika zurück. Ein paar Wochen später platzt das Geschwür auf und hunderte kleine Spinnen krabbeln heraus.

Die entführte Oma

Der Freund eines Freundes ist mit der ganzen Familie auf Urlaub. Die Oma stirbt vom Hitzschlag im Auto. Um sie nach Hause zu transportieren, kauft die Familie einen großen Teppich, wickelt die Oma ein und bindet das Bündel aufs Dach. Bei einer Pinkelpause an der Raststätte kommen sie zum Auto zurück und der Teppich ist samt Oma verschwunden.

Die Aussiedlerfamilie

Eine Aussiedlerfamilie schlägt den teuren Parkettboden in der Wohnung kaputt und pflanzt Kartoffeln darin.

Die geklaute Niere

Der Freund eines Freundes verschwindet im Urlaub auf Sizilien spurlos. Ein paar Tage später findet man ihn auf einer Parkbank – noch ganz verwirrt und orientierungslos. Auf dem Rücken hat er eine frische Narbe. Bei der Untersuchung in Deutschland stellt der Arzt fest, dass man ihm eine Niere rausoperiert hat.

Justiz & Kriminelle

IRRSINN DER VERWALTUNG

In 2000 Jahren hat der deutsche Beamten- und Justizapparat beim Versuch, seine Anordnungen möglichst präzise zu formulieren, eine eigene Sprache entwickelt, die kaum mehr verständlich ist.

Hier die skurrilsten Auswüchse:

Der Tod stellt aus versorgungsrechtlicher Sicht die stärkste Form der Dienstunfähigkeit dar.
(Unterrichtsblätter für die Bundeswehrverwaltung)

Es ist nicht möglich, den Tod eines Steuerpflichtigen als dauernde Berufsunfähigkeit im Sinne von § 16 zu werten und demgemäß den erhöhten Freibetrag abzuziehen.
(Bundessteuerblatt)

Margarine im Sinne dieser Leitsätze ist Margarine im Sinne des Margarinegesetzes.
(Deutsches Lebensmittelbuch)

An sich nicht erstattbare Kosten des arbeitsgerichtlichen Verfahrens erster Instanz sind insoweit erstattbar, als durch sie erstattbare Kosten erspart bleiben.
(Beschluss des Landgerichts Rheinland-Pfalz)

Besteht ein Personalrat aus einer Person, erübrigt sich die Trennung nach Geschlechtern.
(Info des Deutschen Lehrerverbandes Hessen)

Die einmalige Zahlung wird jedem Berechtigten nur einmal gewährt.
(Gesetz über die Anpassung von Versorgungsbezügen)

Welches Kind erstes, zweites, drittes Kind usw. ist, richtet sich nach dem Alter des Kindes.
(Bundesanstalt für Arbeit)

Nach dem Abkoten bleibt der Kothaufen grundsätzlich eine selbstständige bewegliche Sache, er wird nicht durch Verbinden oder Vermischen untrennbarer Bestandteil des Wiesengrundstücks, der Eigentümer des Wiesengrundstücks erwirbt also nicht automatisch Eigentum am Hundekot.
(Fallbeispiel der Deutschen Verwaltungspraxis)

Gewürzmischungen sind Mischungen von Gewürzen.
(Deutsches Lebensmittelbuch)

Stirbt ein Bediensteter während einer Dienstreise, so ist damit die Dienstreise beendet.
(Kommentar zum Bundesreisekostengesetz)

Käse ist Käse im Sinne der Käseverordnung.
(§1 Abs. 1 Nr. 2 Verordnung über Preisnotierungen für Butter, Käse und andere Milcherzeugnisse)

Getränke sind Flüssigkeiten aller Art, die nach dem Sprachgebrauch oder der Verkehrsauffassung zum Trinken bestimmt sind und ihrer Art nach meist allgemein zum Löschen des Durstes oder auch ohne Befriedigung eines Durstgefühls genossen werden.

Ein Lutscher (auch Lolli genannt) zeichnet sich dadurch aus, dass der zu verzehrende bzw. zu lutschende oder schleckende Karamellteil auf einem Stiel aufgebracht ist. Ohne einen solchen Stiel würde es sich nicht mehr um einen traditionellen Lutscher, sondern vielmehr um ein gewöhnliches Bonbon handeln.
(Oberlandesgericht Köln, Urteil vom 03.05.2001)

Der Begriff »kostenlos« bedeutet unentgeltlich.
(BGHZ 113, S. 251ff.)

Schlafanzüge im Sinne der Position 6108 der Kombinierten Nomenklatur des Gemeinsamen Zolltarifs in der Fassung der Verordnung (EWG) Nr. 2658/87 des Rates vom 23. Juli 1987 über die zolltarifliche und statistische Nomenklatur sowie den Gemeinsamen Zolltarif und der Verordnung (EWG) Nr. 3174/88 der Kommission vom 21. September 1988 zur Änderung des Anhangs I der Verordnung (EWG) Nr. 2658/87 des Rates über die zolltarifliche und statistische Nomenklatur sowie den Gemeinsamen Zolltarif sind nicht nur solche Zusammenstellungen von zwei Kleidungsstücken aus Gewirken oder Gestricken, die nach ihrem äußeren Erscheinungsbild ausschließlich zum Tragen im Bett bestimmt sind, sondern auch solche, die im Wesentlichen hierfür verwendet werden.
(Europäischer Gerichtshof 1994)

Nach üblichem deutschen Sprachgebrauch versteht man unter Fenstern Lichtöffnungen in Gebäuden. Die Lichtdurchlässigkeit ist das Entscheidende, während die zumeist hinzukommende Möglichkeit der Luftzufuhr eine minder wichtige Rolle spielt; denn erfahrungsgemäß gibt es viele Fenster, die sich überhaupt nicht öffnen lassen und daher zum Entlüften ungeeignet sind. Auch die Ausblicksmöglichkeit nach draußen ist keineswegs in dem Maße begriffswesentlich, dass bei ihrem Fehlen nicht mehr von einem Fenster gesprochen werden könnte; bekanntlich werden zahlreiche Fenster, etwa unter Verwendung besonderen Glases, als undurchsichtige angelegt. Dass schließlich der Geräuschdurchlässigkeit... keine ausschlaggebende Bedeutung zukommt, versteht sich angesichts der Häufigkeit von Doppelfenstern und sonstigen schalldämpfenden Einrichtungen von selbst.
(Bundesgerichtshof 1961)

»Sofort« im Sinne von § 271 BGB heißt weder »auf der Stelle« noch »ohne schuldhaftes Zögern«, sondern »in nach Treu und Glauben unter Berücksichtigung der Verkehrssitte objektiv angemessener Zeitspanne«.
(Oberlandesgericht München 1992)

DEPPERTE GESETZE

Nach deutschem Recht wird ein Bienenschwarm »herrenlos«, wenn nicht der Eigentümer ihn unverzüglich verfolgt oder wenn der Eigentümer die Verfolgung aufgibt. Verfolgt ein Eigentümer seinen Bienenschwarm, so darf er bei der Verfolgung fremde Grundstücke betreten.

(§ 961 Bürgerliches Gesetzbuch)

In Deutschland ist es im gesamten Bundesgebiet verboten, gefangene Fische, die über dem Mindestmaß liegen, in das Gewässer, aus dem man den Fisch »entnommen« hat, zurückzusetzen. Das heißt: Ein gefangener Fisch, der groß genug ist, muss gegrillt werden!

Die *Rocky Horror Picture Show* war ein Kassenschlager. Manche Rockfans haben im Kino kiloweise Reis durch die Logen geworfen: Nach dem »Ordnungswidrigkeitengesetz« (OWiG) handelt es sich hierbei um »Belästigung der Allgemeinheit durch Werfen von kleinen Gegenständen bei Veranstaltungen«.

Kostenpunkt nach §118: 20 Euro.

In Deutschland ist es verboten, mit Pappnase oder falschem Bart an öffentlichen Versammlungen und Aufzügen teilzunehmen. Ein Verstoß gegen dieses Vermummungsverbot kann einen bis zu zwölf Monate ins Gefängnis bringen. Glücklicherweise die einzige Ausnahme: Teilnahme an Karnevalsumzügen oder Karnevalsveranstaltungen.

In den Bundesländern Baden-Württemberg und Bayern dürfen am Karfreitag ganztägig keine Tanzveranstaltungen durchgeführt werden.

Auf der Nordsee-Insel Helgoland ist Fahrrad fahren verboten.

Ehefrauen, die ihren Mann erschießen, haben nach einer Entscheidung des Bundessozialgesetzbuches keinen Anspruch auf Witwenrente.

In Artikel 21 der Verfassung des Bundeslandes Hessen vom 1. Dezember 1946 findet sich auch heute noch die Möglichkeit, einen Delinquenten zum Tode zu verurteilen.
Im Einzelnen heißt es dort:
Ist jemand einer strafbaren Handlung für schuldig befunden worden, so können ihm aufgrund der Strafgesetze durch richterliches Urteil die Freiheit und die bürgerlichen Ehrenrechte entzogen oder beschränkt werden. Bei besonders schweren Verbrechen kann er zum Tode verurteilt werden.
Die Strafe richtet sich nach der Schwere der Tat.
Alle Gefangenen sind menschlich zu behandeln.

Demgegenüber sieht das Grundgesetz in seinem Artikel 102 und in der Fassung von 1949 die Abschaffung der Todesstrafe vor: »Die Todesstrafe ist abgeschafft.« (Grundgesetz der Bundesrepublik Deutschland, GG, Art. 102). Ferner gilt: »Bundesrecht bricht Landesrecht.«
(Grundgesetz der Bundesrepublik Deutschland, Art. 31.)

EHEMALIGE DDR-GESETZE

Nach der Wiedervereinigung wurden die meisten der 3600 Vorschriften aus dem DDR-Gesetzbuch ersetzt. In Sachsen gelten noch 15 und in Sachsen-Anhalt 13 DDR-Paragrafen und Vorschriften fort. In Brandenburg betrifft dies 17 und in Mecklenburg-Vorpommern 7 Paragrafen.

Ungültig ist mittlerweile jedoch die »Verordnung über das Tragen der Ehrenzeichen zu staatlichen Auszeichnungen vom 19. April 1978« nach dem »Sonderdruck Nr. 952 des Gesetzesblattes der DDR«. Für »das Tragen der Ehrenzeichen zu staatlichen Auszeichnungen gemäß § 3 Abs. 5 des Gesetzes vom 7. April 1977« über die Stiftung und Verleihung staatlicher Auszeichnungen (GBl. 1 Nr. 10 S. 106) wurde darin nämlich Folgendes erschöpfend verordnet:

§ 1

Ehrenzeichen (Orden und Medaillen) zu staatlichen Auszeichnungen werden in der Regel an einer Spange getragen. Zu dem Ehrenzeichen kann eine Interimsspange gehören. Trifft das nicht zu, so ist die Spange zum Ehrenzeichen zugleich Interimsspange.

Ehrenzeichen werden an Staatsfeiertagen und an Ehrentagen der jeweiligen Bereiche getragen. Zu besonderen Anlässen ist das Tragen der Ehrenzeichen im Einzelnen festzulegen.

Mehrfach Ausgezeichnete sind berechtigt, nur das Ehrenzeichen der höchsten ihnen verliehenen staatlichen Auszeichnung zu tragen.

Die Interimsspangen können ständig getragen werden.

§ 2

Die Ehrenzeichen oder Interimsspangen sind in der Reihenfolge anzulegen wie in der Anlage angeführt.

Die Ehrenzeichen oder Interimsspangen zu staatlichen Auszeichnungen, die nicht mehr verliehen werden und die nicht in der Anlage aufgeführt sind, sind entsprechend der in der Anlage festgelegten Rangfolge einzuordnen.

Der »Karl-Marx-Orden« und die Medaille »Goldener Stern« zum Ehrentitel »Held der Deutschen Demokratischen Republik« werden in der Mitte über allen Ehrenzeichen oder Interimsspangen getragen.

Von den weiteren staatlichen Auszeichnungen kann das Ehrenzeichen der jeweils höchsten Auszeichnung einzeln in der Mitte über allen Ehrenzeichen oder Interimsspangen getragen werden.

Werden mehrere Ehrenzeichen zu gleichrangigen bereichsspezifischen staatlichen Auszeichnungen getragen, so hat das Ehrenzeichen des Bereichs, in dem der Ausgezeichnete tätig ist, den Vorrang.

Wurden einem Ausgezeichneten mehrere Stufen oder Klassen einer staatlichen Auszeichnung verliehen, so braucht nur das Ehrenzeichen der höchsten verliehenen Stufe oder Klasse getragen zu werden. Beim Tragen der Ehrenzeichen aller Stufen oder Klassen einer staatlichen Auszeichnung sind diese unmittelbar nacheinander einzuordnen.

Es können bis zu 5 Ehrenzeichen oder Interimsspangen in einer Reihe angeordnet werden.

Das Tragen der Ehrenzeichen kann für Angehörige der bewaffneten Organe der Deutschen Demokratischen Republik sowie für Beschäftigte in Bereichen, in denen Dienstbekleidung getragen wird, unter Berücksichtigung dieser Verordnung in den Dienstvorschriften weiter ausgestaltet werden.

SEX VOR GERICHT

Es ist eine schwierige Beziehung – Sex und die deutsche Justiz. Hier die grundlegendsten Entscheidungen und die schlimmsten Fauxpas:

Allein ist böse

Selbstbefriedigung verstößt gegen die Pflicht, die geschlechtliche Befriedigung zusammen mit dem Partner zu erleben und ihn daran teilhaben zu lassen.
(BGB-RGRK, BGB, 12. Aufl. 1984, § 1353, Rn. 38)

Kondome sind böse

Präservative sind dazu bestimmt, einer nicht naturgemäßen Ausübung des Geschlechtsverkehrs zu dienen.
(RGSt. 67 1932, S. 65)

Warum Sex?

Beischlaf im strafrechtlichen Sinn ist eine ihrer Art nach zur Zeugung geeignete Handlung.
(BGHSt 16 1961, S. 175)

Warum Kinder?

Die sittliche Ordnung will, dass sich der Verkehr der Geschlechter grundsätzlich in der Einehe vollziehe, weil der Sinn und die Folge des Verkehrs das Kind ist. Um seinetwillen und um der personenhaften Würde und der Verantwortung der Geschlechtspartner willen ist dem Menschen die Einehe als Lebensform gesetzt. Nur in der Ordnung der Ehe und in der Gemeinschaft der Familie kann das Kind gedeihen und sich seiner menschlichen Bestimmung gemäß entfalten. Nur in dieser Ordnung und in dieser Gemeinschaft nehmen sich die

Geschlechtspartner so ernst, wie sie es sich schulden. Gerade weil die naturhaft nächste Beziehung der Geschlechter so folgenreich und zugleich so verantwortungsbeladen ist, kann sie sich nur in der ehelichen Gemeinschaft zweier einander achtender und einander zur lebenslangen Treue verpflichteter Partner sinnvoll erfüllen. Indem das Sittengesetz dem Menschen die Einehe und die Familie als verbindliche Lebensform gesetzt und indem es diese Ordnung auch zur Grundlage des Lebens der Völker und Staaten gemacht hat, spricht es zugleich aus, dass sich der Verkehr der Geschlechter grundsätzlich nur in der Ehe vollziehen soll und dass der Verstoß dagegen ein elementares Gebot geschlechtlicher Zucht verletzt.
(BGHSt 6 1954, S. 46)

Lesen beim Sex

Ein Mann wollte sich scheiden lassen, weil seine Frau den Sex verweigerte. Sie erklärte, sie empfinde nichts beim Geschlechtsverkehr und sei imstande, dabei Zeitung zu lesen; er möge sich selber befriedigen. Der eheliche Verkehr sei eine reine Schweinerei. Sie gebe ihm lieber Geld fürs Bordell. Die Frau sah keinen Grund für die Scheidung, da es durchweg noch alle vier Wochen zum Verkehr gekommen sei. Der Bundesgerichtshof hat daraufhin folgende Leitlinien zum Sex in der Ehe aufgestellt:
Die Frau genügt ihren ehelichen Pflichten nicht schon damit, dass sie die Beiwohnung teilnahmslos geschehen lässt. Die Ehe fordert von ihr eine Gewährung in ehelicher Zuneigung und Opferbereitschaft und verbietet es, Gleichgültigkeit oder Widerwillen zur Schau zu tragen.
(BGH NJW 1967, S. 1078)

Schatz ist besser

Der Ehemann macht sich einer schweren Eheverfehlung schuldig, wenn er seine Frau als Nutte bezeichnet.
(KG Berlin FamRZ 1978, S. 594)

Sexy Popo

Einem Mann in einem Würzburger Freibad wurde das Tragen eines String-Tangas untersagt. Seine Klage, mit der er die Aufhebung dieses Verbots begehrte, gab dem Amtsgericht Gelegenheit, sich mit anstößiger Badebekleidung einmal genauer auseinanderzusetzen:

»Dem Kläger ist insoweit Recht zu geben, als er eine Ungleichbehandlung behauptet. Die Ungleichbehandlung besteht darin, dass das sogenannte »Oben-ohne-Baden« von Frauen toleriert werde, während »String-Tangas« als anstößige Badebekleidung bezeichnet und verboten werden. Die Behauptung der Beklagten, das Gesäß eines Mannes sei mit den Brüsten einer Frau nicht zu vergleichen, ist zwar zweifelsohne zutreffend. Im Hinblick auf den Zweck der Bayerischen Badeverordnung und die Benutzungsbedingungen der Beklagten kann jedoch der zu vergleichende Sachverhalt nicht auf diese anatomischen Unterschiede begrenzt werden. In beiden Fällen handelt es sich um Badebekleidung, die nicht von der Mehrheit der Badegäste getragen wird. Diese Badebekleidung wurde vor einigen Jahren noch einhellig als sittlich anstößig empfunden. Mittlerweile ist davon auszugehen, dass sie in weiten Bevölkerungskreisen zumindest toleriert wird. In der Duldung der einen Bekleidungsart und dem Verbot der anderen ist daher eine objektive Ungleichbehandlung vergleichbarer Sachverhalte zu sehen. Es kann daher dahingestellt bleiben, ob – wie der Kläger meint – »ein entblößtes Gesäß weniger unsittlich ist als unbedeckte Geschlechtsmerkmale«.

(AG Würzburg NJW-RR 1993, S. 1332)

Finger weg!

Die Mutter ist berechtigt, zwei Lesbierinnen den Umgang mit ihrer minderjährigen Tochter untersagen zu lassen. Das entschied das Berliner Landgericht 1985. Eine der Gespielinnen der Tochter hatte bereits Aufenthalte in der Nervenklinik hinter sich und bezeichnete sich selbst als tätowiert und sexuell total verwildert. Aus dem Urteil: »Gleichgeschlechtlichkeit ist – je

nach ihrer Ausprägung – vielfach eine menschliche Fehlentwicklung, die für den von ihr Betroffenen auf seinem ferneren Lebensweg großen Kummer und große Erschwernisse mit sich bringen kann – z. B., wenn er seine eigene subjektive Unfähigkeit erleben muss, eine richtige Familie zu gründen und von einem geliebten oder geschätzten Partner ein Kind zu empfangen – und die ihn für seine Umwelt zum beargwöhnten und abgelehnten Außenseiter stempeln kann. Gleichgeschlechtlichkeit mag in einzelnen Fällen anlagebedingt und durch Umwelteinflüsse nicht zu beseitigen sein. Gleichgeschlechtlichkeit kann jedoch durch Bieten von Gelegenheit oder gar durch Verführung nicht selten verursacht oder verstärkt werden, sodass es für Eltern grundsätzlich und von vornherein gilt, entsprechende Umwelteinflüsse von ihren minderjährigen Kindern fernzuhalten.«
(LG Berlin FamRZ 1985, S. 519)

Die Wahrheit über Schwule
Der Bundesgerichtshof bejahte den unzüchtigen Charakter der Zeitschrift *Die Freundschaft*. Darauf, dass sie sich nur an Homosexuelle wende und deren Scham- und Sittlichkeitsgefühl durch ihren Inhalt nicht verletzt werde, komme es nicht an: »Soweit es sich bei den Gästen um Männer handelt, die aus sittlicher Verkommenheit der mannmännlichen Unzucht nachgehen, bedarf dies keiner näheren Begründung; denn dass ihre Anschauung nicht maßgebend sein darf, leuchtet ohne Weiteres ein. Aber auch das Empfinden der Männer, deren gleichgeschlechtliche Triebrichtung anlagebedingt ist oder auf einer Gehirnerkrankung beruht, ist nicht ausschlaggebend. Denn der richtige Maßstab für die Beurteilung der Frage, was der allgemeinen Zucht und Sitte entspricht, kann nur die Anschauung des normalen gesunden Menschen sein« (vgl. hierzu RGSt. 32, 418; 37, 315: »Normalmensch«). Auch solche Menschen verkehren in Gaststätten der geschilderten Art, sei es aus Neugierde, sei es aus Unkenntnis. Auf ihr Urteil allein kommt es an. Die Strafkammer hat deshalb mit Recht den unzüchtigen Charakter der Zeitschrift *Die Freundschaft* bejaht.
(BGHSt 3, 1952, S. 295)

Blöde Ausrede

Der Angeklagte, ein Krankenpfleger, legte seinen entblößten und erigierten Penis auf den nackten Oberschenkel einer frisch Operierten und ejakulierte. Sein Sperma wischte er anschließend mit einem Lappen ab. Eine Zeugin bekam das mit. Es wurde ein Spermafleck im Bett sichergestellt und mittels DNA-Analyse als das Sperma des Angeklagten identifiziert.

Der Angeklagte bestritt die Tat, es handele sich um einen narkosebedingten Sexualtraum der Patientin. Im Hinblick auf den im Bett der frisch Operierten aufgefundenen Spermafleck erklärte er, er habe sein Sperma als Gleitmittel verwenden wollen, um die Frau in deren Krankenbett einfacher zurechtrücken zu können. Hierzu habe er im Nachbarzimmer in einen Handschuh ejakuliert und den Inhalt sodann neben der Patientin auf das Bettlaken gegossen. Diese Aussage hielt das Gericht für lebensfremd und absurd. Zusammen mit einer weiteren Tat gab es dafür eine Freiheitsstrafe von drei Jahren und zehn Monaten.

(OLG Celle NStZ-RR 2005, S. 263)

Nicht lesen, bitte

Sie versuchten es in diversen Stellungen. Schließlich begab sich die Zeugin in die vom Angeklagten bevorzugte Position, indem sie sich vor dem Bett auf den Boden kniete, mit den Armen am Bett abstützte und der Angeklagte von hinten in sie eindrang. Dabei vertraute sie darauf, dass der Angeklagte sich aufgrund der vorangegangenen Gespräche auf sie einlassen und weiterhin zärtlich sowie rücksichtsvoll mit ihr verfahren werde. Zudem fühlte sie sich sicher, da ihr die Möglichkeit verblieb, nach vorne auszuweichen. Der Geschlechtsverkehr verlief in dieser Form zunächst auch eine kurze Zeit für die Zeugin zufriedenstellend, bis der Angeklagte plötzlich unvermittelt und überraschend die Pobacken der Zeugin auseinanderriss und derart heftig sein Glied in ihre Scheide stieß, dass sie bis in den Oberbauch Schmerzen verspürte. Überdies schlug er sie auf das Gesäß und begleitete das Ganze mit Ausdrücken der Vulgärsprache. Der Angeklagte hielt es dabei zumindest

für möglich, über die von der Zeugin für die Ausübung des Geschlechtsverkehrs gesteckten Grenzen hinauszugehen, setzte sich darüber jedoch hinweg und nahm dies billigend in Kauf. Die Zeugin reagierte auf diese Entwicklung des Geschlechtsakts, indem sie durch eine Bewegung nach vorn auswich und den Angeklagten mit dem Fuß wegstieß. Wütend verließ sie das Schlafzimmer und kündigte ihm an, nie wieder Sex mit ihm haben zu wollen. Die Frau erstattete Anzeige wegen Vergewaltigung. Der Mann wurde vom Amtsgericht und Landgericht auch deswegen verurteilt. Das Oberlandesgericht sprach ihn jedoch frei, weil es für eine Vergewaltigung nicht ausreiche, wenn der Mann bei der Ausübung des zunächst einvernehmlich begonnenen Geschlechtsverkehrs die von seiner Ehefrau festgesetzten Grenzen überschreite.
(OLG Köln NStZ-RR 2004, S. 168)

Alles nur für Wuffi
Wenn der Hundehalter nur die Geschlechtslust des Tieres befriedigen will, liegt keine Sodomie vor. Zu diesem Schluss kam das Reichsgericht 1939 in folgendem Fall: Der Angeklagte hat wiederholt bei seinem Hund am Geschlechtsteile gespielt und daran herumgerieben. Als ihm das seine Frau eines Tages verbot, erklärte er ihr, der Hund müsse das auch haben, er komme doch nicht hinaus. (...) Der erkennende Senat ist der Ansicht, dass Fälle der zuletzt genannten Art nicht als widernatürliche Unzucht im Sinne des Strafgesetzes angesehen werden können, da dieses nicht bloßen Verstößen gegen die Sittlichkeit und Schamhaftigkeit entgegentreten, sondern vornehmlich diejenigen Entartungen des menschlichen Geschlechtstriebes bekämpfen will, die als tierische Erniedrigungen eine Entwürdigung des Menschengeschlechtes bedeuten und von der gesitteten Welt zu allen Zeiten für verabscheuungswürdig gehalten worden sind. Wollte man den Begriff der widernatürlichen Unzucht weiter ausdehnen, so würden sich außerordentliche Schwierigkeiten bei der Abgrenzung des strafbaren Tatbestandes ergeben, da die Befriedigung des Geschlechtstriebes eines Tieres durch

einen Menschen auch aus Gründen geschehen kann, die die Handlung nicht als strafwürdig, zum Mindesten nicht in dem Maß erscheinen lasse, dass der Strafrahmen des § 175 b StGB angebracht wäre. Zu denken ist an wissenschaftliche Versuche, Tierpflege und geschlechtliche Entspannung aus Zweckmäßigkeitsgründen, bloße Neugier etc.
(RGSt 73 1939, S. 88)

Die Penispfeife
Bei dem Produkt handelt es sich um eine Trillerpfeife in Form eines erigierten Penis in naturalistischer Form, dessen Ende als Mundstück der Pfeife dient. Der Anmelder möchte die Penistrillerpfeife gerne in das Musterregister eintragen lassen. Das Bundespatentgericht versagte 1999 mit einer bemerkenswert romantischen und verzopften Begründung den Musterschutz, weil die Penistrillerpfeife unanständig ist.
Die vom Anmelder gewählte Bezeichnung »Penistrillerpfeife« trifft die Abbildung mithin präzise. Damit spielen die Bezeichnung, die Abbildung wie auch das »Belegexemplar« auf die Fellatio an, denn die Kenntnis des Begriffes »blasen« als anzügliche Umschreibung der Fellatio ist mittlerweile weitverbreitet. Da die Zweckbestimmung des Musters als Blasinstrument nicht übersehbar ist, erweckt die Penistrillerpfeife, etwa am Band um den Hals gehängt – wie z. B. eine Trainerpfeife oder ein Amulett – , nicht etwa bloß den Eindruck eines Schmuckstücks ohne Bezug auf die Fellatio.
Die Öffentlichkeit umfasst einen immer noch beachtlichen Personenkreis, der sich einem Sittenbild verpflichtet fühlt, das durch den angemeldeten Gegenstand empfindlich beschädigt wird. Dieses Sittenbild ist dadurch gekennzeichnet, dass die Sexualität in all ihren Erscheinungsformen nicht als Selbstzweck zur Erzielung nur körperlichen Lustgewinns, sondern als durchaus wesentlicher Teil von Herzen kommende Liebe begriffen wird. Diese Art von Liebe stellt für diesen Personenkreis ein einzigartiges Gut dar, das seinen Wert gerade auch dadurch gewinnt, dass jedenfalls die sexuellen Ausdrucksfor-

men der Liebe in die Privatsphäre eingebettet und somit als unantastbar vor der Wahrnehmung Dritter gehütet werden. Die Preisgabe dieses persönlichen Bereichs wird von diesen Personen nicht mehr nur als geschmacklos, sondern als im wahrsten Sinne des Wortes peinlich, nämlich Schmerz durch Verletzung ihres Scham- und Sittlichkeitsgefühls bereitend, erfahren. Der angemeldete Gegenstand ist dazu besonders geeignet. Der Anblick einer Trillerpfeife in Gestalt eines Penis kann die Vorstellung vermitteln, dass dieser auf die Funktion eines durch Blasen zu bearbeitenden Werkstücks ausschließlich zum Zwecke körperlichen Lustgewinns reduziert wird, eine Vorstellung, die das Sittlichkeitsgefühl der vorgenannten Kreise verletzen muss.
Es ist nicht die Aufgabe des Gerichts, einem zweifelhaften Wertewandel Vorschub zu leisten, vielmehr ist es auch Aufgabe der Rechtsprechung, zur Wahrung anerkannter sittlicher Werte jedenfalls so lange beizutragen, bis ein Wandel erkennbar und vollzogen ist und ein Bedürfnis zu seiner Anerkennung gerechtfertigt ist.
(BPatGE 42 1999, S. 67)

Stehenbleiben, Polizei!
Ein Polizist wirkte als Darsteller in zwei Pornofilmen mit. In den Filmen war der Beamte bei Ausübung von Masturbation, Anal- und Oralverkehr und sadomasochistischen Handlungen wie etwa Auspeitschen, Beträufeln mit Kerzenwachs, Anurinieren zu sehen. Dummerweise trug er zu Beginn des Filmes eine Dienstuniform bzw. Teile dieser Uniform; auf der Dienstjacke war die Aufschrift POLIZEI sichtbar. »Der Beamte hat durch sein außerdienstliches Verhalten seine Verpflichtung zur Achtungs- und Vertrauenswürdigkeit bei der Wahrnehmung seines Amtes als Polizeihauptmeister beeinträchtigt ...,« erklärte das sächsische Oberverwaltungsgericht.
Diese Darstellung des Beamten auf den bezeichneten Fotos und Videos dient aber allein dem Zweck, den darstellenden Menschen zum bloßen Objekt geschlechtlicher Begierde zu reduzie-

ren. Dies gilt erst recht, wenn – wie hier – sadomasochistische Handlungen zur Darstellung kommen, durch die eine Sexualität zum Ausdruck gebracht wird, die den Einzelnen als Objekt zeigt, der entweder körperliche Gewalt hinzunehmen oder auszuüben hat. Mit dem dem Grundgesetz zugrunde liegenden Menschenbild, das dem Einzelnen in seiner personalen Ganzheit eine menschliche Würde zuweist, ist diese Reduzierung des Einzelnen auf ein Sexualobjekt (...) nicht vereinbar (...).
Das Verhalten des Beamten ist zudem geeignet, auch das Ansehen des Beamtentums zu beeinträchtigen. Das besondere Vertrauen, das die Bevölkerung der Polizei als Institution entgegenbringt, wird durch ein Verhalten eines Polizeibeamten wie hier in schwerwiegender Weise erschüttert. (...)
Darstellungen, bei denen sadomasochistische Praktiken und Anal- und Oralverkehr der Öffentlichkeit vorgeführt werden, gehen jedenfalls über die Grenzen dessen, was den Wertvorstellungen der überwiegenden Mehrheit der Bevölkerung entspricht. Sie verletzen nach wie vor erheblich das sexuale Anstandsgefühl der Öffentlichkeit. (...)
Unter Berücksichtigung aller Umstände des begangenen Dienstvergehens ist daher eine Dienstgradherabsetzung des Beamten in das Amt eines Polizeiobermeisters erforderlich, aber auch ausreichend.
(OVG Sachsen DÖV 2003, S. 959)

Vernünftige Ausbildung
Abiturientin Anke S., 18 Jahre, will nach reiflicher Überlegung den Beruf einer Prostituierten ergreifen. Sie erhofft sich weitere Informationen von den professionellen Kräften der Agentur für Arbeit und wendet sich deshalb an das örtliche Arbeitsamt. Selbstverständlich liegen bereits im Foyer berufskundliche Blätter, die über den Lehrberuf »Prostituierte/r« bzw. »Sex-Arbeiter/in« informieren. Daraus erfährt Anke S., dass die Lehrzeit drei Jahre beträgt und ein Praktikum bei einer als Ausbilderin amtlich erfassten und milieuerfahrenen »Prostituierten« absolviert werden muss. Natürlich enthalten

die »Blätter« auch präzise Informationen über die Lehrinhalte des Berufes, Aufstiegschancen und etwaige Weiterbildungsmaßnahmen. Anke S. entschließt sich nach umfassender Beratung, sich auf eine Lehrstelle bei »Madame X« in Bad Hohnhausen zu bewerben. Und sie hat Glück: Aus einem Kreis von fast 100 Bewerberinnen wird Anke S. ausgewählt und darf unverzüglich ihre erste Arbeitsstelle im Club »Mon Cherie« in Bad H. antreten. »Madame X« – mit bürgerlichem Namen: Karin Krumbiegel – legt ihr einen von der Gewerkschaft ver.di juristisch geprüften und für gut befundenen Ausbildungs- und Arbeitsvertrag vor, den Anke S. auch recht bald unterzeichnet. Es beginnt eine dreijährige, ungewöhnlich abwechslungsreiche Lehrzeit, die Anke S. erfolgreich abschließt. Endlich hält sie das ersehnte Abschlusszeugnis in Händen; sie darf sich nun »staatlich geprüfte Prostituierte« nennen.
(Vahle, NZA 2002, S. 1077)

Noch zu groß

Der Kläger empfindet seinen Penis mit 10 Zentimetern als zu klein und verlangt von der Krankenkasse die Bezahlung einer penisverlängernden Operation. Die Klage blieb erfolglos. Der um etwa ein Drittel des Durchschnittswertes kleinere Penis des Klägers ist keine Krankheit im Sinne von § 27 Abs. 1 SGB V. Insoweit mag zwar eine Normabweichung vorliegen, diese hat jedoch, solange eine Funktionsbeeinträchtigung nicht gegeben ist, für sich allein keine Behandlungsbedürftigkeit zur Folge. Gerade die Behandlungsbedürftigkeit einer körperlichen Funktionsbeeinträchtigung ist aber Ansatz für eine chirurgische Behandlung.
(LSG Brandenburg RV 2002, S. 150)

ÜBERSETZUNG DEUTSCH – JURISTISCH

fummeln	unzüchtige Berührungen der Geschlechtsteile
halbnackt	teilentblößt
Er/sie ist hässlich	Er/sie ist nur von mittlerer Anmut
Impotenz	Beiwohnungsunfähigkeit
jungfräulich	unbescholten
keine Lust haben	von seinem Grundrecht auf sexuelle Selbstbestimmung Gebrauch machen
Prostitution	gewerbsmäßige Unzucht
schlafen, mit jemandem	jemandem beiwohnen; aus Sicht der Frau: die Beiwohnung gestatten
Striptease	Entkleidungstanz

DU DEPP – WENN MAN POLIZISTEN MAL DIE MEINUNG SAGEN WILL

1. Stinkefinger

Die berühmte »Effe«-Geste ist teuer: Je nach Stadt und beleidigter Person (Polizisten sind am teuersten) sind bis zu 4.000 Euro fällig.

2. Der »Scheibenwischer« oder das »Vogelzeigen«

Kleine Geste, großer Effekt: Zwischen 300 und 1.000 Euro zahlen Sie für eine solche Beleidigung.

3. Kreis aus Daumen und Zeigefinger (A...Loch)

Wer seinem Ärger auf diese Weise Luft macht, blecht ordentlich: rund 750 Euro.

4. Zunge rausstrecken

Klingt niedlich, ist aber auch nicht ganz billig: etwa 150 Euro Strafe.

5. Fieses Miststück

Sagen Sie das lieber nicht zu einer Politesse – sonst sind Sie um bis zu 2.500 Euro ärmer.

6. Alte Sau

Strafe: 2.500 Euro.

7. Du Schlampe

Machen Sie Ihrem Ärger über das Knöllchen lieber anders Luft – so kostet es rund 1.900 Euro.

8. Trottel in Uniform

Das hört kein Polizist gern: 1.500 Euro.

9. Kasperlverein, Wichtelmann, Holzkopf

Zwischen 750 und 1.000 Euro.

10. Dumme Kuh

Diesen Spruch müssen sich Politessen wohl öfter anhören. Strafe: zwischen 300 und 800 Euro. Ähnlich teuer sind Sätze wie: »Du bist doch zu dumm zum Schreiben«, oder: »Lernen Sie besser einen anderen Beruf.«

11. Leck mich doch

Macht der Polizist eh nicht – stattdessen kassiert er etwa 300 Euro.

12. Witzbold, Bekloppter, Asozialer

Diese Beleidigungen kosten zwischen 200 und 600 Euro.

13. Schwein, Wegelagerer, Depp

200 bis 450 Euro.

DREISTE KLAGEN, GRANDIOSE FREISPRÜCHE & IRRSINNIGE URTEILE

Anwalt von Schlaf übermannt – selber Schuld

Schlaf ist kein »unabwendbarer Zufall« – nicht einmal bei erfolgreichen Anwälten. Der anwaltliche Schriftsatz mit der Berufungsbegründung für einen Mandanten ging einen Tag zu spät bei Gericht ein. Das die Berufung verwarf. Der Anwalt stellte einen »Antrag auf Wiedereinsetzung in den vorigen Stand«. Die Fristversäumung sei unverschuldet aufgrund eines »unabwendbaren Zufalls«. Denn der Anwalt ist kurz vor Mitternacht über den Akten eingeschlafen. Der Bundesgerichtshof hatte aber kein Mitleid: Wer lange arbeite, müsse gegen 23 Uhr damit rechnen, auch gegen seinen Willen einzuschlafen.

Gefahrenquelle Suppe

Die Geschichte der 79-jährigen Stella Liebeck aus den USA ist längst Legende. Sie verbrühte sich bei McDonald's versehentlich mit ihrem Kaffee und erhielt ein üppiges Schmerzensgeld, weil sie nicht gewarnt worden war, dass der Kaffee sehr heiß sei. Nun verklagte eine Restaurantbesucherin den Wirt, weil ihr die Suppe zu heiß war. Die Klage wurde abgewiesen. Begründung: Die Suppe sei zwar eine »Gefahrenquelle«, aber sie trug ein »Gefahrensignal«: den Dampf! Im Urteil heißt es: »Jeder, der eine Suppe bestellt, weiß aber, dass er ein sogenanntes Heißgericht serviert bekommt, welches nur mit äußerster Vorsicht zu genießen ist. Dies wurde hier zudem dadurch erkennbar, dass die Suppe noch – wie die Klägerin in der mündlichen Verhandlung ausgeführt hat – dampfte.«

3,75 Promille am Steuer – Freispruch!
Die Polizei erwischte ihn morgens um 9 Uhr bei laufendem Motor, fest schlafend überm Lenkrad und mit einer Blutalkoholkonzentration von 3,75 Promille. Der Mann erhielt einen Freispruch! Grundsätzlich reicht es für eine Trunkenheitsfahrt aus, dass der Motor läuft, selbst wenn sich das Auto nicht fortbewegt. Der Fahrer wurde daher zunächst vom Landgericht verurteilt. Das Oberlandesgericht Karlsruhe hob das Urteil aber wieder auf. Begründung: Womöglich hat er sich bereits gegen Mitternacht hinters Steuer gesetzt. Dann hätte er einen stattlichen Blutalkoholwert von deutlich über 3,75 Promille gehabt und wäre zur Tatzeit schuldunfähig gewesen.

Glatzenträger hat keinen Anspruch auf Perücke
Ein männlicher Glatzenträger hat bei seiner Krankenkasse keinen Anspruch auf die Bezahlung einer Perücke. Das hat das Landessozialgerichts Rheinland-Pfalz in einem Urteil entschieden. Die Kasse hatte die Bezahlung mit der Begründung abgelehnt, eine »Haarersatz-Langzeitversorgung« käme nur für Frauen und Kinder infrage. Der Kläger sah einen Verstoß gegen das gesetzliche Verbot der Ungleichbehandlung. Er legte ein ärztliches Attest vor, wonach ihm eine psychische Erkrankung drohe, falls der Antrag abgelehnt werde. Die Richter urteilten, anders als bei Frauen werde bei Männern Kahlköpfigkeit in der Gesellschaft nicht als besonders auffällig angesehen, weil sie biologisch bedingt häufiger auftrete.

Der schlafende Richter
Ein Richter, der während der Verhandlung schläft? Ja, gibt es denn so was? Ein Mann klagte: »Der ehrenamtliche Richter H. war unfähig, der Verhandlung zu folgen, weil er über einen längeren Zeitraum ununterbrochen die Augen geschlossen hatte und – wie durch seine Körperhaltung, nämlich Senken des Kopfes auf die Brust und ruhiges tiefes Atmen sowie ›Hochschrecken‹ zum Ausdruck kam –, offensichtlich geschlafen hat.«

Doch das genügte dem Bundesverwaltungsgericht nicht. Es gibt nämlich sogar bereits eine »höchstrichterliche Rechtsprechung« zum Nachweis des »Einnickens bei Richtern«. Die Angaben des Beschwerdeführers reichten da nicht aus: »... aus den mitgeteilten Beobachtungen, (...) lässt sich aber, selbst wenn sie zuträfen, noch nicht sicher darauf schließen, dass der bezeichnete Richter tatsächlich über einen längeren Zeitraum geschlafen hat ... Das Schließen der Augen über weite Strecken der Verhandlung und das Senken des Kopfes auf die Brust beweist allein nicht, dass der Richter schläft. Denn diese Haltung kann auch zur geistigen Entspannung oder zwecks besonderer Konzentration eingenommen werden. Dazu müssten noch andere sichere Anzeichen hinzukommen, wie beispielsweise tiefes, hörbares und gleichmäßiges Atmen oder gar Schnarchen oder ruckartiges Aufrichten mit Anzeichen von fehlender Orientierung.«

Drei Monate Fahrverbot für Rollstuhlfahrer
Der Fahrer eines Elektro-Rollstuhls bekam ein dreimonatiges Fahrverbot verhängt, weil er mit 1,6 Promille erwischt wurde. Das Gericht urteilte, nun müsse er sich eben mit einem handbetriebenen Rollstuhl fortbewegen. Die Grenze der absoluten Fahruntüchtigkeit bei Rollstuhlfahrern entspreche den bei Radfahrern geltenden Grenzwerten.

Wie versteuert man einen Regenwurm?
Das Finanzgericht Düsseldorf musste die schwierige Frage beantworten, ob beim Verkauf von Regenwürmern der volle Umsatzsteuersatz von damals 16 Prozent oder der ermäßigte von 7 Prozent gilt. Das Finanzamt wollte 16 Prozent, der Kläger nur 7 Prozent zahlen.

Das Gericht urteilte, dass eine Steuerermäßigung ausgeschlossen sei, weil »die Umsätze des Klägers aus dem Handel mit Regenwürmern (...) nicht zu den Umsätzen mit lebenden Tieren nach Nr. 1 der Anlage (gehören), da Regenwürmer nicht zu den abschließend aufgezählten Tierarten gehören.« (Urteil des FG Düsseldorf vom 25.04.1994, Az. 5 K 2536/91 U) ... Die Anwendung des ermäßigten Steuersatzes folgt auch nicht aus der laufenden Nr. 3 der Anlage. Danach unterliegen dem ermäßigten Steuersatz Fische und Krebstiere, Weichtiere und andere wirbellose Wassertiere, ausgenommen Zierfische, Langusten, Hummer, Austern und Schnecken. Diese Vorschrift verweist auf Kapitel 3 des Zolltarifs, sodass es für die Auslegung der einzelnen Regelungen der Anlage auf die zolltariflichen Vorschriften und Begriffe ankommt.« Weiter urteilte das Gericht: »Nach ihrem Wortlaut umfasst die im Streitfall allein in Betracht kommende Tarifnummer 03.07 zunächst Weichtiere, auch ohne Schale, lebend, frisch, gekühlt, gefroren, getrocknet, gesalzen oder in Salzlake.« Allerdings seien in den der Tarifnummer weiter zugeordneten Untergruppierungen Regenwürmer nicht ausdrücklich erwähnt, sodass die Zuordnung zu der Tarifnummer 03.07 nur dann vorzunehmen wäre, wenn es sich bei Regenwürmern um Weichtiere im Sinne dieser Tarifnummer handeln würde.«

Hier zog das Gericht nun die Enzyklopädie des Tierreichs von Dr. Grzimek zurate und führte umfangreich aus, wie verschiedene Regenwurmarten einzuordnen sind: zu den Gürtel-, Glieder- und Ringelwürmern, damit also zu den »Wenigborstern«, die zu den Gliedertieren gehören und also gegenüber den »Mollusca« (Weichtieren) einen eigenständigen Stamm bilden. Kurzum: Der ermäßigte Steuersatz komme keinesfalls in Betracht, schließlich zählen Regenwürmer »auch nicht zu den in Tarifnummer 03.07 ebenfalls genannten »wirbellosen Wassertieren«. Ein Regenwurm ist ja ein Landbewohner, oder? »Zwar ist der Regenwurm durchaus in der Lage, eine gewisse Zeit im Süßwasser zu überleben, dennoch – und nur darauf kommt es für die Zuordnung an – hat sich der Regenwurm im Laufe der stammesgeschichtlichen Entwicklung zu einem Landtier entwickelt, als dessen natürlicher Lebensraum der Erdboden anzusehen ist (...).«

Für unerheblich hielt das Gericht, dass die eng verwandten »Saugmünder« und »Vielborster« bisweilen als Wasserbewohner klassifiziert werden könnten: »Selbst wenn diese Tiere der Tarifnummer 03079919 009 des Zolltarifs zuzuordnen wären, ändert dies nichts an dem Umstand, dass den Regenwürmern – anders als den obigen Arten – die Eigenschaft »Wassertier« fehlt.«

Nackter Reisemangel

Wenn FKK in einem Hotel geduldet wird, ohne dass das in den Reiseunterlagen erkennbar war, ist das ein Reisemangel, für den 20 Prozent Minderung des Reisepreises gerechtfertigt sind. In einer Hotelanlage könnten sich Urlauber diesem Anblick kaum entziehen. Die Grenze zur bloßen Unannehmlichkeit sei daher überschritten, entschied das Oberlandesgericht Frankfurt.

Mittagspause auf dem Klo

Eine Behörde gab einem Beamten für eine Auslandsreise zu einer Tagung der Telekommunikationsverwaltung in Holland einen Vorschuss auf die Reisekosten. Die Bestimmungen sehen aber eine Kürzung des Tagegeldes vor, wenn vor Ort ein kostenloses Mittagessen zur Verfügung gestellt wird. Weil dies der Fall war, verlangte die Behörde den entsprechenden Teilbetrag von ihrem Beamten zurück. Dagegen wehrte sich dieser, weil er das Mittagessen gar nicht in Anspruch genommen hatte – wie er meint: unverschuldet.

Der Kläger trug vor, dass er zu Beginn der Mittagspause dringend die Toilette habe aufsuchen müssen, »den Toilettengang habe er seit einiger Zeit aufgeschoben gehabt, um nichts von dem letzten Tagesordnungspunkt vor der Mittagspause, zu dem er sich auch zu Wort gemeldet habe, zu verpassen. Vor dem nunmehr unaufschiebbaren Toilettengang habe er den niederländischen Vertreter gebeten, auf ihn zu warten. Als er von der Toilette zurückgekommen sei, habe die Gruppe das Gebäude aber bereits verlassen gehabt. Ein Aufzug zur schnellen Verfolgung der Gruppe habe ihm nicht zur Verfügung gestanden.«

Die Kantine habe er aber alleine nicht gefunden, obwohl er am Vortag bereits dort gewesen war. Deshalb musste er in einem Restaurant essen gehen.

Die beklagte Behörde argumentierte, »es falle nicht in den Verantwortungsbereich des Dienstherren, wenn der Kläger von Kollegen auf der Toilette vergessen werde. Zudem sei dem Kläger aufgrund seiner Erfahrungen aus 500 Auslandsdienstreisen zuzumuten gewesen, das Kantinengebäude wieder aufzufinden.«

Das Verwaltungsgericht Mainz gab der Behörde recht und wies die Klage des Beamten gegen den Rückforderungsbescheid zurück. Es ging übrigens nur um 9,31 Euro.

Was willst du?

Ein Mitarbeiter des schwedischen Bekleidungsunternehmens H&M klagte gegen seinen Arbeitgeber, weil er nicht mehr geduzt werden wollte. H&M hatte das Geschäft übernommen, in dem der 45-jährige Kläger als Abteilungsleiter der Herrenoberbekleidung arbeitete. Früher wurde hier immer korrekt gesiezt. H&M verlangt generell von seinen Mitarbeitern für gelockertes Arbeitsklima und den Abbau von Hierarchien, dass sie sich duzen und den Vornamen verwenden. 22 Monate lang ließ sich der Herr duzen – dann ertrug er es nicht mehr. Das Duzen verletze sein Persönlichkeitsrecht. Das Landesarbeitsgericht Hamm wies seine Klage gegen H&M aber dennoch ab. Das Duzen sei Bestandteil seines Arbeitsvertrages geworden, weil er der Änderung der Anrede fast zwei Jahre lang nicht widersprochen hatte. Doch dann kam dem Mann die Firma doch noch entgegen: In einer Abmahnung, die der Kläger aus anderem Grund erhalten hatte, wurde er durchgehend gesiezt.

Überdosis Lakritze

Eine Frau aus Berlin aß täglich eine 400-Gramm-Packung der Lakritzmischung »Matador-Mix« der beklagten Firma Haribo. Eines Tages brach sie ohnmächtig zusammen und musste in ein Krankenhaus eingeliefert werden. Nach ihrem Krankenhausaufenthalt absolvierte sie noch eine dreiwöchige Kur und war somit insgesamt über vier Monate arbeitsunfähig. Die Klägerin glaubt den Grund für ihre gesundheitlichen Probleme gefunden zu haben: die Lakritze. Der »Matador-Mix« enthalte Glycyrrhizin, das zu Störungen im Mineralstoffhaushalt des menschlichen Körpers führen und Blutdruckanstieg hervorrufen könne. Haribo sei, so erklärte die Klägerin, dazu verpflichtet, auf diese Gefährdungen hinzuweisen. Ihre Klage auf Schmerzensgeld von mindestens 6.000 Euro sowie Erstattung von Heilbehandlungskosten und Verdienstausfall wurde abgeschmettert.

Kleiner Tipp: Besser gesund ernähren.

Das Bundesfähnchen im Polizeipferdehaufen

Die Polizei hatte tatsächlich Anzeige erstattet. Der Vorfall: Ein Aktionskünstler wurde bei einer Veranstaltung der »Arbeitsgemeinschaft soldatischer Verbände« am Totensonntag an einem Ehrenmal aktiv. Er wollte ein Zeichen dagegen setzen, dass in vorangegangenen Jahren wiederholt die Reichskriegsflagge gezeigt worden war. Er bastelte schwarz-rot-goldene »Jubelfähnchen«, die in den Boden gesteckt werden sollten, um den Reichskriegsflaggen etwas entgegenzusetzen. Vor Ort hatte er aber noch eine andere Idee.

Im Urteil heißt es: »Als dann tatsächlich sich ein nicht näher bekannter Mann mit einer Reichskriegsflagge in der Hand neben den Eingang des Ehrenmals stellte, steckte der Angeklagte das an einem Stock befestigte etwa handtellergroße Fähnchen, welches die Flagge der Bundesrepublik Deutschland farblich symbolisierte, in einen Haufen Pferdemist, der dort zufälligerweise wahrscheinlich von einem Polizeipferd hinterlassen worden war. Das Fähnchen steckte nur kurze Zeit in dem Pferdehaufen und wurde dann von dem Einsatzleiter der Polizei, dem Zeugen R., nach – wie er meinte – etwa 5 bis 10 Sekunden, vielleicht auch etwas längerer Zeit, herausgezogen. Dabei fragte der Zeuge R. den Angeklagten, ob das denn sein müsse. Der Angeklagte antwortete: Ja, das müsse sein (...), und machte hierzu nähere Ausführungen.«

In erster Instanz wurde der Angeklagten deshalb zu einer Geldstrafe verurteilt. Das Landgericht Aachen hob in der Berufung das Urteil auf und sprach ihn mit folgender Begründung frei. »Das Stecken eines kleinen Jubelfähnchens, welches farblich die Flagge der Bundesrepublik Deutschland symbolisiert, in einen Haufen Pferdemist kann nach der vom Angeklagten dargelegten Zielrichtung und unter Berücksichtigung der Gesamtumstände jedenfalls auch so gedeutet werden, dass dadurch auf krasse Weise deutlich gemacht werden sollte, durch die Reichskriegsflagge als Symbol der Neonazis werde das Ansehen des Staates, symbolisiert durch das kleine Bundesfähnchen in dem Pferdehaufen, in den Schmutz gezogen.« Ergänzend wies die Kammer darauf hin, dass selbst wenn man darin einen Verstoß gegen § 90a StGB sehen wollte, die Aktion in jedem Falle durch die gemäß Art. 5 Absatz 3 des Grundgesetzes geschützte Kunstfreiheit gedeckt war. Dass es sich um Kunst handelte folge nicht nur daraus, dass der Angeklagte die Aktion als Kunst bezeichnete. »Entscheidend ist vielmehr, dass er – wenn auch sehr vergröbernd – zwei Sachverhalte, nämlich den Polizeipferdehaufen und das Bundesfähnchen zu einer neuen Aussage miteinander verknüpft hat, (...) wobei es durch einen schöpferischen Akt also zu einer bildhaften Verfremdung mit objektiv mehrdeutigem Aussagegehalt gekommen ist.«

Womöglich hätte der Angeklagte den Einsatzleiter der Polizei sogar wegen der Zerstörung seines Kunstwerks in Anspruch nehmen können.

Sexunterricht zu schlimm?
Die sehr religiösen Eltern eines Schülers wollten ihren Sohn vom Sexualkundeunterricht befreien. Sie sehen den Unterricht als verfrüht und indoktrinierend an. Die Biologiebücher würden keine Rücksicht auf den unterschiedlichen Entwicklungsstand der Schüler nehmen, außerdem würden sie das Leitbild eines freizügigen Sexuallebens außerhalb der Ehe unter Verwendung von Verhütungsmitteln und die Gleichwertigkeit von Homo-, Bi- und Heterosexualität vermitteln. Dies lehnte das Verwaltungsgericht Münster ab: Der Sexualkundeunterricht werde in Wahrnehmung des staatlichen Bildungs- und Erziehungsauftrags aus Art. 7 Abs. 1 GG erteilt. In Ausübung dieses Auftrags sei die Schule nicht nur zur bloßen Tatsachenvermittlung, sondern auch zur Erörterung von Fragen der Sexualethik berechtigt. Die Biologiebücher stellten – im Rahmen der bloßen Tatsachenvermittlung – die verschiedenen Möglichkeiten der Empfängnisverhütung dar, ohne deren Verwendung jedoch wertend vorzugeben. Die verschiedenen Formen, in denen Menschen zusammen- und ihre Sexualität auslebten (Ehe, homosexuelle Lebenspartnerschaft usw.) würden in rechtlich nicht zu beanstandender Weise erörtert.

DEUTSCHLANDS DÜMMSTE VERBRECHER

Deutschlands dümmste Bankräuber

Die Freunde Marcel K. (23, lang und dürr) und sein Kumpel Rocco M. (33, klein und dick) standen angetrunken vor einer Volksbank in Recklinghausen. Ihre Idee: »Komm, wir rauben die Bank aus.« An der Kasse sagte der kleine Rocco: »Wir wollen ein Konto eröffnen.« Der Kassierer forderte die Ausweise – die Männer zeigten sie vor. Plötzlich legte Räuber Rocco eine Schreckschusspistole auf die Theke. Der große Blonde flüsterte: »Das ist ein Überfall!« Als der Kassierer 3.750 Euro auf den Tresen legte, flüchteten die Männer. Die Ausweise ließen sie liegen. 30 Minuten später wurden sie festgenommen. Mildes Urteil: 33 Monate im offenen Vollzug.

Deutschlands dümmster Autodieb

Ein 21-Jähriger stahl in Peißenberg (Kreis Weilheim-Schongau) ein abgestelltes Fahrzeug. Als der Sprit zur Neige ging, fuhr er zu der nächsten Tankstelle und machte den Tank voll. Dann brauste er ohne zu bezahlen davon. Und blieb kurze Zeit später mit rauchendem Motor liegen. Er hatte aus Versehen Diesel statt Benzin getankt. Geschnappt.

Deutschlands dümmster Überfall

Früher Morgen. Ein kleiner Mann mit Baseball-Kappe betritt die Spielhalle »Deutzer Freiheit« in Köln. Er hält sich den Rollkragen seines Pullovers übers Gesicht. Er ruft: »Überfall!« Dann steckt der Räuber seine rechte Hand in die Jackentasche, es sieht so aus, als habe er dort eine Pistole verborgen.

Kassierer Gerd H. (42) legt etwas Geld auf den Tresen. »Nur Scheine«, faucht der Vermummte – und zieht seine rechte Hand aus der Jackentasche, will sich die Scheine greifen. Da ist also gar keine Pistole. Nun zieht der Kassierer seine Pistole und drückt ab. Erste Kugel: Schreckschussmunition. Der Räuber zuckt zusammen, sagt: »Ja, was ist denn das ...?« Zweite Kugel: Reizgas! Dem Räuber kommen die Tränen ...

Deutschlands dümmster Kioskbesitzer

»So einen Geldschein hatte ich noch nie gesehen. Doch ich habe dem jungen Mann getraut«, erzählt der Kioskbesitzer Sorush E. (62, Iraner). Er hat einen gefälschten 600-Euro-Schein angenommen! Ausgestellt auf die »Deutsche Parkbank«, mit Bildern von nackten Männern drauf! Ein 17-Jähriger hatte damit zwei Stangen Zigaretten bei ihm gekauft und war dann mit rund 530 Euro davongeeilt. Erst am nächsten Morgen flog der Schwindel auf. Sorush E. wollte am Großmarkt mit der Blüte bezahlen. »Mein Kollege hat sich vor Lachen gekringelt«, erzählt der Kioskbesitzer, der die Polizei rief. Die machte den Kunden schnell ausfindig.

Deutschlands dümmster Räuber

Grünhainichen, ein Nest in Sachsen. Hier hat Roswitha R. (53) eine Drogerie mit einer Lottoannahmestelle. Der Lotto-Jackpot steht gerade auf 15 Millionen. Plötzlich steht dieser ältere Mann vor dem Tresen. »Ich hatte draußen das Schild mit den 15 Millionen gesehen«, erzählte er im Prozess. In der Hand hielt er eine Pfeife, verkehrt herum, damit sie wie eine Pistole aussieht. »ICH WILL DAS GELD« stammelte Siegfried S. (65). Roswitha R.: » Ich sagte, dass wir doch gar kein Geld haben. Er antwortete: »Doch, ich will die 15 Millionen!« Roswitha zitterte in Panik. Siegfried floh, wurde am Abend gefasst und zu einem Jahr Gefängnis verurteilt.

Deutschlands drittdümmster Bankräuber

Er maskierte sich mit einer dunklen Wollmütze. Er schlenderte in eine Bankfiliale in der Innenstadt von Mühlheim/Ruhr: Der Maskierte will besonders clever sein, schleicht sich zu dem unbesetzten Schreibtisch einer Angestellten des Geldinstituts. Denn dort hat er ein ungesichert herumliegendes Bündel Geldscheine entdeckt. Der Kriminelle packt blitzschnell zu, rafft die vermeintlichen Banknoten an sich und flüchtet.

Was er übersehen hat: Die Geldscheine sind lediglich bedruckte Werbezettel.

Ein Polizeisprecher: »Die Noten sind deutlich größer als die echten.

Sie sind aus Pappe und haben Eurowerte, die es gar nicht gibt. Nämlich 185, 154 und 300 Euro. Der Räuber griff trotzdem zu, wedelte bei seiner Flucht mit einer schwarzen Pistole und bedrohte die Angestellte mit der Waffe. Bisher ist er flüchtig.«

Tannennadel-Schmuggel

Zwei arbeitslose Freunde, 21 und 27 Jahre alt, kauften in Holland knapp 200 Gramm Marihuana. Dachten sie zumindest. Denn der niederländische Dealer hatte den beiden zwar 1.000 Euro abgeknöpft. Doch in den Tütchen waren gar keine Drogen, sondern nur 170 Gramm Tannennadeln. Als sie ihre Ware über die Grenze bringen wollten, wurden die beiden Deppen auch noch vom Bundesgrenzschutz geschnappt. Zwar schmuggelten sie nur harmlose Tannennadeln – doch das war dem Amtsgericht Aachen egal. Sie wurden wegen versuchter illegaler Einfuhr von Betäubungsmitteln verurteilt und müssen 400 beziehungsweise 1.200 Euro Geldstrafe zahlen.

Geld her oder ich erschieße mich

In München betrat eine 43-jährige Frau mit einer Pistole bewaffnet eine Bank. Vor dem Bankschalter zog sie die Waffe. Doch die Kassiererin blieb unbeeindruckt und rief die Polizei. Denn die glücklose Bankräuberin hatte das Grundkonzept eines Bankraubs nicht verstanden. Statt wie die Pistole zur Einschüchterung auf den Kassierer zu richten, hielt sie sich die Pistole an die eigene Schläfe. Sie drohte der Kassiererin mit Selbstmord, falls ihr kein Geld ausbezahlt werde. Die Bankräuberin wurde in die Psychiatrie eingewiesen.

Schlechter Moment

Die beiden Bankräuber hatten ihren Coup minutiös geplant. Montagmorgen fuhren sie zu der Bankfiliale in Rothenburg, Sachsen-Anhalt, mit Gesichtsmasken und Pistolen in der Hand. Doch als die Gangster in den Vorraum der Bank stürmten, standen sie vor verschlossenen Türen. Sie trafen nur eine Frau, die sich ihre Kontoauszüge ausdruckte. »Sie ist zu, nur dienstags und donnerstags ist auf«, stammelte die Arme, als ihr die Bankräuber eine Pistole an die Schläfe hielten. Die beiden Junior-Ganoven ließen die ängstliche Frau in Ruhe und fuhren mit hängenden Schultern heim.

Schlechte Fahrer

Drei Räuber rammten einen Geldtransporter. Die mit Pistolen bewaffneten Täter überwältigten die Besatzung des Geldtransporters und machten mehr als 50.000 Euro Beute.

Allerdings war der Wagen der Räuber nach der Kollision mit dem gepanzerten Geldtransporter nur noch ein rauchendes Wrack. Die Männer zwangen einen Sportwagenfahrer zum Anhalten, bedrohten ihn mit ihren Waffen und flüchteten mit dem Auto. Nach kurzer Strecke kamen sie aber wegen überhöhter Geschwindigkeit von der Straße ab und bauten einen Unfall, bei dem einer der Täter verletzt wurde.

An der Unfallstelle stoppten die Flüchtenden erneut einen vorbeikommenden Wagen. Aber schon nach wenigen Kilometern passierte der nächste Unfall. Vor einer scharfen Rechtskurve rasten die Täter in eine Böschung.

Nach drei zu Schrott gefahrenen Autos hatte das Trio von einer motorisierten Flucht die Nase voll und versuchte zu Fuß zu entkommen. Das war angesichts des heranrückenden massiven Polizeiaufgebotes, das durch Spürhunde und einen Polizeihubschrauber ergänzt wurde, keine gute Idee. Nur zwei Stunden nach dem Überfall nahm die Polizei den Verkehrs-Rambos die Beute ab und legte ihnen dafür Handschellen.

Knapp daneben

Der Weltpokal für die unfähigsten Geldautomatenknacker geht zweifellos an zwei Gangster, die in der Nähe von Potsdam versuchten, den Geldautomaten einer Bank zu stehlen. Sie setzten mit einem geklauten Lkw rückwärts durch die gläserne Eingangsfront in die Bank. Im Vorraum schlangen sie ein armdickes Tau um einen Automaten, verbanden es mit der Anhängerkupplung des Lastwagens und gaben Gas. Das sperrige Gerät riss aus seiner Verankerung, blieb aber in der Tür stecken. Die Täter flüchteten, als sie merkten, dass sie ohnehin nicht den Geldautomaten erwischt hatten – sondern nur den Kontoauszugsdrucker.

Hassan, der brutale Erpresser

Ein Stuttgarter Geschäftsmann wurde telefonisch erpresst. Mehrfach meldete sich telefonisch ein »Hassan« bei ihm. Doch die Stimme stammte von einer Krimi-Hörspielkassette für Kinder. Ein zwölfjähriges Kind rief den 51-Jährigen mehrfach an und spielte die Passage eines Hörspiels vor, in der ein gewisser

Hassan die Zahlung von 12.500 Euro forderte. Der Geschäftsmann nahm die Erpressung ernst und schaltete die Polizei ein. Nach langwierigen Recherchen ermittelte diese die Täterin, die kleinlaut gestand. Der Geschäftsmann war nicht ihr erstes Opfer. Zunächst spielte sie die Kassette einem Lehrer vor, der den gleichen Namen trägt wie das Opfer des Erpressers Hassan im Hörspiel. Der Pädagoge kannte die Kassette jedoch, worauf sich das Mädchen aus dem Telefonbuch ein weiteres gleichnamiges Opfer suchte.

Fast genialer Trick

Ein 36-jähriger Mann hatte 1996 in vier Erpresserbriefen an eine Supermarktkette damit gedroht, Lebensmittel zu vergiften, wenn die Geschäftsführung nicht 1 Million Mark in Diamanten bezahle. Der schwierigste Moment aller Erpressungen ist die Geldübergabe: Sie sollte deshalb trickreich durch Brieftauben bewerkstelligt werden. Der Erpresser deponierte am Ort der Geldübergabe eine Kiste mit acht Brieftauben, die kleine Leinenrucksäcke für die Diamanten bei sich trugen. Als die Diamantenboten am Taubenschlag des Erpressers eintrafen, waren sie jedoch nicht allein: Im Schlepptau hatten sie den Polizeihubschrauber zielsicher zum Erpresser geführt. Das Landgericht Hildesheim verurteilte den Erpresser zu einer Haftstrafe von drei Jahren und sechs Monaten.

Scheißauto

Im Ostseebad Grömitz stahl ein Autodieb einen roten Golf. Doch bereits nach wenigen Kilometern gab das Gefährt seinen Geist auf. Enttäuscht notierte der Autodieb folgende Nachricht auf einen Zettel und klemmte ihn hinter den Scheibenwischer: »Scheißauto. Hat keine 15 Minuten gehalten.«

Zu dick fürs Fenster

Die Leibesfülle eines Einbrechers verhinderte die Tat in Neuburg. Der Mann versuchte, durch das Kellerfenster in ein Wohnhaus einzusteigen und blieb dabei im Lichtschacht stecken. Im Polizeibericht stand: »Da seine körperliche Fülle offensichtlich nicht mit der lichten Weite der Schachtöffnung in Einklang zu bringen war, wurde er bei seinem Einbruchsversuch eingeklemmt«. Der Einbrecher musste so lange um Hilfe rufen, bis die Feuerwehr eintraf.

Krokodil-Polizei

Ungeschickt stellte sich Einbrecher Andreas S. an: Um auf der Rückseite eines Juweliergeschäftes einsteigen zu können, balancierte er über die mit Drahtgeflecht gesicherte Krokodilhalle des Berliner Zoos – und rutschte ab. Zwar landete er nicht zwischen den Reptilien, aber von dem Baum, auf dem er landete, kam er auch nicht mehr herunter, weil unter ihm die Krokodile warteten. Erst am nächsten Morgen wurde er von der Polizei gerettet.

Mike Krüger?

Ein 22-jähriger Bankräuber aus dem nordrhein-westfälischen Kirchhundem hat ein unverkennbar markantes Gesicht. Er überfiel eine Bank im Nachbarort und entkam mit rund 5.000 Euro Beute. Aber bereits 45 Minuten später konnte er schon gefasst werden. Eine Bankangestellte hatte ihren ehemaligen Schulkameraden Stefan G. anhand seiner markanten Mike-Krüger-Nase wiedererkannt.

Billiges Porto

Ein passionierter Autogrammjäger ist der 42-jährige arbeitslose Henryk L. Mehrere tausend Stück hat er bereits gesammelt. Allerdings überstieg die Korrespondenz zunehmend seine finanziellen Möglichkeiten. Deshalb legte er ausländische und deutsche Briefmarken unter einen Farbkopierer und schnitt anschließend die Zacken mit einer Nagelschere aus. Die deutschen klebte er auf die Bittbriefe, die ausländischen auf die Rückumschläge.
Doch die Post enttarnte ihn, als hunderte Briefe mit gefälschten Briefmarken bei ihm ankamen.

Dummer Fehler

Ein 17-jähriger Einbrecher aus Michendorf/Berlin wurde gefasst, weil er während des Aufschweißens eines Tresors einen an die Potsdamer Verkehrsbetriebe adressierten Fahrscheinantrag mit Adresse und Passbild verlor.

Zu wenig Geld in der Tasche

Weil er nur noch 2,70 Euro in der Tasche hatte, überfiel der arbeitslose Kraftfahrer Werner T. eine Raiffeisenbank im brandenburgischen Dallmin. Er bedrohte die Kassiererin mit einer Gaspistole, packte etwas über 10.000 Euro in eine Plastiktüte und verabschiedete sich mit den Worten: »Danke, das reicht.« Anschließend flüchtete er mit einem Fahrrad. Ein 70-jähriger Malermeister nahm kurzerhand die Verfolgung auf. Der Räuber stoppte und überreichte dem Verfolger die Beute: »Hier, das können sie wieder zurückbringen«. Doch der Handwerker brachte Werner T. zur Bank zurück. In der Bank sagte T. resigniert: »Sorry, war nicht so gemeint.«

Gefreiter Müller

Ein Bundeswehrsoldat überfiel mit Strumpfmaske und Uniform eine Bank. Trotz seiner Maskierung konnte er schnell identifiziert werden: Auf seiner Uniform prangte sein Namensschild ...

Zu doof für einen Überfall

Wegen seiner Dussligkeit vermasselte sich ein Bankräuber in Hamburg den großen Coup: Auf dem Weg zum Bankschalter versuchte der 43-jährige Mann eine Wollmütze mit Augenschlitzen über den Kopf zu ziehen, was ihm jedoch nicht auf Anhieb gelang. Zudem verhedderte sich seine Schreckschusspistole im mitgebrachten Beutel. Da hatte er allerdings der Kassiererin schon mitgeteilt, dass dies ein Überfall sein sollte. Die Frau löste Alarm aus.

Besser einen Lkw nehmen ...

In aller Frühe drangen zwei Männer in eine COOP-Filiale in Leibstadt ein. In den Büroräumen entdeckten sie einen Tresor, den sie später in Ruhe knacken wollten. Sie schleiften das Teil zur hinteren Laderampe. Von dort wollten sie ihre Beute in einen gestohlenen Golf umladen, was aber misslang. Der über 600 Kilo schwere Tresor knallte auf den Wagen. Dies hörte ein Anwohner, der sofort die Polizei verständigte. Die Diebe verschwanden, tauchten aber kurz darauf mit zwei Komplizen in einem gestohlenen Mazda wieder auf. Zu viert versuchten sie nun, den stählernen Koloss in den Mazda zu hieven. Auch das misslang. Die Ganoven flüchteten.

Guten Rutsch

Zu wörtlich hatte ein Ladendieb das mit dem »guten Rutsch« genommen, als er im neuen Jahr eine Filiale eines Supermarkts in Recklinghausen überfiel. Der 25-Jährige betrat den Markt und legte einige Waren auf das Transportband der Kasse. Als er an der Reihe war, griff er in die Kasse und versuchte mit der Beute, einem Bündel Geldscheine, zu flüchten. Allerdings hatte zwischenzeitlich heftiger Regen eingesetzt. Die Fliesen im Eingangsbereich waren spiegelglatt. Er kam zu Fall und blieb auf dem Boden liegen. Die 26-jährige Kassiererin reagierte prompt und setzte sich zusammen mit einem Kunden auf den Dieb. Die wenige Minuten später eintreffende Polizei nahm den Dieb fest.

Falscher Weg

Ein 32-jähriger Architekturstudent aus Soest überfiel mit einer Leuchtpistole bewaffnet eine Bank. Der Überfall klappte und der Mann flüchtete mit 21.500 Euro Beute. Doch auf der Flucht fuhr er mit seinem Fahrzeug – dem Wagen seiner Mutter – versehentlich in eine Sackgasse. Er drehte um und musste erneut an der gerade überfallenen Bank vorbeifahren. Die Angestellten konnten sein Kennzeichen notieren. Als er mit seiner Beute bei seiner Mutter auftauchte, um ihr den geliehenen Wagen zurückzugeben, wartete bereits die Polizei auf ihn.

Selber identifiziert

Ausgerechnet in den Räumen der Polizei erkannte ein Einbrecher aus Köln sein eigenes Fahndungsfoto und überführte sich damit selbst als Täter eines Einbruchs in ein Haarstudio, bei dem er von einer Kamera aufgenommen worden war.

Wie die Polizei in Köln mitteilte, fragte der 32-jährige Mann die Beamten nämlich, woher sie denn bloß das Foto von ihm hätten. Es zeigte ihn in dem Friseurgeschäft, in das er bereits mehrfach eingebrochen war. Neben Bargeld hatte der glatzköpfige Täter auch Haarpflegemittel und Kosmetika erbeutet.

Abgeschleppter Einbrecher

Der Wagen eines 27 Jahre alten Mannes fiel Polizisten auf, weil er an einer abgelaufenen Parkuhr stand. Beim näheren Hinsehen entdeckten die Beamten unter anderem mehrere Geldkassetten, Taschen mit Münzgeld, viele Schlüssel sowie Hämmer im Innenraum. Doch der Einbrecher aus Karlsruhe war so dreist, dass er sein von der Polizei abgeschlepptes, mit Diebesgut vollgestopftes Auto persönlich von der Wache abholen wollte. Bei dieser Gelegenheit wurde er festgenommen.

Falsches Trampolin

Leichtfüßig turnte ein junger Mann in Winterberg auf einem geparkten Auto herum: Mit Anlauf sprang er auf die Haube des Wagens und hüpfte von dort über die Frontscheibe und das Dach bis zur Heckklappe, bevor er wieder auf der Erde landete. Pech für den jungen Mann – im Auto lagen zwei Polizeibeamte in Zivil auf der Lauer.

Schönes Büro

In Berlin trieb seit einiger Zeit ein Raubkopierer sein Unwesen. Er verkauft professionelle Grafikprogramme zu einem Bruchteil ihres Wertes. Der Anbieter hatte sich gut getarnt und auf seinem Werbezettel als Kontaktadresse nur eine »Scall«-Nummer angegeben. Unter solch einer Rufnummer kann man nur Nachrichten hinterlassen; wer diese am anderen Ende der Leitung mit einem »Pager«-Gerät empfängt, ist nicht zu orten.

Die Beamten mussten sich etwas einfallen lassen. Der Täter konnte also unerkannt am Treffpunkt erscheinen, er würde den Termin bestimmen, und er würde sich nur in ein Computergrafikbüro locken lassen.

Die Kriminalbeamten kamen auf eine pfiffige Idee: Die Diensträume der Abteilung lagen im Erdgeschoss des Polizeigebäudes. Nun verdeckten sie das Wort »Polizei« auf der Fassade und alles Amtliche mit Teppichklebeband. Stattdessen hängten sie ein Schild an die Wand: »Redlich Datentechnik.« Der Raubkopierer wurde angescalled, ein Termin vereinbart. Der Mann fiel auf die Täuschung herein und betrat den vermeintlichen Computershop. Als er verwundert feststellte, dass bei »Redlich Datentechnik« alle Mann bewaffnet herumliefen, klickten bereits die Handschellen.

Extrem dreist

Ein 42-jähriger Niederbayer wurde zunächst in Straubing wegen Fahrens ohne Führerschein und Urkundenfälschung zu fünf Monaten Haft auf Bewährung verurteilt. Strafverschärfend wirkte sich aus, dass er mit dem Auto zum Prozess gefahren war. Polizisten in Zivil beobachteten nach der Urteilsverkündung, wie sich der 42-Jährige von seiner Ehefrau vom Amtsgericht wegfahren ließ. Sie folgten dem Auto. Tatsächlich setzte sich der Mann nur wenige Kilometer später wieder ans Steuer. Die Beamten stoppten den Uneinsichtigen, der seine Gefängnisstrafe nun antreten muss.

Suche Einbeinige

Einem Bonner Einbrecher dürfte es schwerfallen, einen Abnehmer für seine Beute zu finden. Denn er erbeutete aus der Auslage eines Sportartikelgeschäftes 14 Schuhe im Wert von rund 1.500 Euro – aber alle nur für den rechten Fuß.

Kein Scherz

Ihren Überfall auf ein Gelsenkirchener Juweliergeschäft hatten sich zwei Räuber anders vorgestellt – der Inhaber des Geschäftes glaubte nämlich an den Scherz eines guten Bekannten, als ihm einer der Täter die Pistole unter die Nase hielt. Kurzerhand zog er den Räubern ganz einfach die Masken vom Gesicht. Von dieser Dreistigkeit völlig verunsichert, suchten die geschockten Räuber das Weite ...

Falsches Rohr

Unbekannte Räuber drangen in Seulingen bei Göttingen nachts durch ein Fenster in eine Sparkassenfiliale ein, um den Tresor aufzubohren. Doch statt des Tresors trafen sie nur die Wasserleitung ...

Diktat Note 6

Der Preis für den rhetorisch und syntaktisch schwächsten Erpresser geht an den 50-jährigen Invalidenrentner Egon D., der mit einer Erpressung seine mickrige Rente aufbessern wollte. Der nur 1,50 Meter große und in der

deutschen Rechtschreibung nicht gerade bewanderte Mann warf folgenden handgeschriebenen Brief bei der Sparkasse ein:
»Wir möchten Sie Doch bitten ohne Polizei 50.000 MARG An der Hermann Hesse Str. Kaufhalle Hinder den Imbiss China Absulegen biss heute 15.30 Uhr, sonst Steht das Haus in Flammen. Wier sind Mähre Leute.«
Hinter dem Imbiss wartete die Polizei auf ihn.

Polizeilicher Pizzadienst

Aus einer Essener Wohnung flog nach einem lautstarken Streit ein Fernseher. Als die alarmierten Polizisten an der Tür von Schweißer Bernd S., 42 Jahre, klopften, öffnete dieser mit einer Pistole in der Hand. Hinter ihm standen die Schwester und seine Freundin. Erschrocken zogen sich die Beamten zurück. Kurz darauf rief die Freundin bei der Polizei an: »Also, wir sind Geiseln. Und nun brauchen wir Bier, Zigaretten, Korn und Pizza – mit ordentlich was drauf!« Um der Forderung Nachdruck zu verleihen, zerrte der Schweißer die Frauen ans Fenster und fuchtelte mit der Pistole herum. Wenig später rief der Mann an: »Wenn die Pizza nicht gleich da ist, knalle ich eine weg!«
Fünf Stunden lang warteten 150 Polizisten zugriffsbereit vor der Wohnung – dann kam die Schwester heraus spaziert. Die Beamten stürmten in die Wohnung, wo »Gangster« und »Geisel« betrunken im Bett lagen. Es stellte sich heraus: Die Geiselnahme war nur vorgetäuscht und die Waffe eine Schreckschusspistole. Urteil: zwei Jahre Haft auf Bewährung wegen räuberischer Erpressung.

Missglückte Flucht

Zwei 42 und 28 Jahre alte Männer hatten in Einbeck ein Handy im Wert von 650 Euro gestohlen und wurden vom Ladenbesitzer verfolgt. Auf ihrer Flucht kletterten sie über eine drei Meter hohe Mauer in einen Hof. Dort wurde einer der beiden Diebe festgenommen. Der zweite Täter konnte zurückklettern, wurde jedoch auf der anderen Seite vom Ladenbesitzer empfangen. Beide konnten gleich dableiben, denn bei dem Hof handelte es sich um den Innenhof des Gefängnisses in Einbeck. Dessen Insassen hatten die Aktion beobachtet und die Festnahme der beiden Neuzugänge mit schadenfrohem Gelächter und Beifall quittiert.

Der Kunstbanause

Das Gemälde »Halbakt mit Blaumeise« des französischen Malers Gustave Courbet wurde in Belgien gestohlen. Der Täter fragte sich, wie viel das Bild wohl wert sein würde. Also bat er Experten der Bayerischen Staatsgemäldesammlung um Hilfe bei der Begutachtung seiner Beute. Die Kunsthistoriker erklärten ihm, das um 1860 entstandene Bild sei etwa 1 Million Euro wert. Die Freude des Mannes währte aber nur kurz. Denn die Kunsthistoriker kannten nicht nur den Wert des Bildes, sondern wussten auch von dessen Diebstahl. Die von ihnen alarmierten Polizisten nahmen den naiven Kunstdieb fest.

Scharfe Fahndungsfotos

Bei einem Einbruch in Schwerin stahlen drei Langfinger unter anderem eine Polaroidkamera, mit der sie sich noch am Tatort gegenseitig fotografierten. Weil aber auf den Bildern, die hinten aus dem Apparat surrten, nichts zu sehen war, schmissen die Ganoven sie achtlos in den Papierkorb. Sie wussten nicht, dass sich Polaroids erst in einigen Minuten entwickeln. Die Polizei freute sich sehr über die Fahndungsfotos.

Horrorfilm im Supermarkt

Als die Verkäuferin morgens den Rostocker Supermarkt aufschloss, wähnte sie sich in einem Horrorfilm: überall rote Schleifspuren zwischen zersplittertem Glas. Ein Mann lag mit blutrot befleckten Klamotten und einem gebrochenen Bein unter einer Kasse. Der Kerl war aber kein unschuldiges Opfer. Der betrunkene 23-Jährige hatte nachts versucht, über die Dachluke in den Supermarkt einzusteigen. Dabei hatte er das Gleichgewicht verloren und war 14 Meter tief in den Verkaufsraum direkt auf ein Regal mit Hunderten von Ketchup-Flaschen gestürzt. Er hatte vergebens den Ausgang gesucht und war dann eingeschlafen.

Darauf erst mal einen Cointreau

Eine wichtige Regel des erfolgreichen Einbruchs ist, den Tatort mit der Beute möglichst schnell zu verlassen. Robert S., 35 Jahre, war wieder mal in ein Haus eingestiegen und sackte Bargeld und ein Fernrohr ein. Doch dann fiel sein Blick auf die Hausbar. Er gönnte sich erst einmal einen Cointreau. Weil niemand kam, trank er genüsslich weiter – und schlief auf dem Sofa ein. Am nächsten Morgen rissen ihn Polizeibeamte aus dem Schlaf. Urteil des Landgerichts Aachen: 14 Monte Gefängnis.

Falscher Uhu!

»Es war ein Wildunfall«, behauptete der kaskoversicherte Konrad R. aus Rosenheim und wies bei der Besichtigung demonstrativ auf die Stoßstange, an der noch einige Tierhaare klebten. Doch die Versicherung ließ die Spuren begutachten. Das Ergebnis war überraschend: Die Haare wiesen keine Blutspuren auf, sondern waren fein säuberlich einem Schäferhund abgeschnitten und mit Kleber an die Stoßstange geklebt worden.

Miete vergessen

Die Drogengeschäfte des 21-jährigen Nihat H. liefen prächtig. Doch eines Tags erschien der Gerichtsvollzieher zur Zwangsräumung und staunte nicht schlecht. In der Wohnung des Hamburgers fand er insgesamt 27 Kilo Haschisch und ein Kilo Marihuana im Gesamtwert von 150.000 Euro sowie 18.000 Euro Drogengeld. Nihat H. wurde daraufhin festgenommen und kam in U-Haft. Er hatte schlicht vergessen, die Miete zu zahlen. Doch die deutsche Justiz wird ihm für lange Zeit mietfreies Wohnen ermöglichen – eine einem vergitterten Staatshotel.

Körbchengröße K

Drogenschmugglerin Renate Y. schmuggelte am Düsseldorfer Flughafen 1,6 Kilo Koks ein. Sie hielt sich für besonders pfiffig und hatte den Stoff im Mieder eingenäht. Doch gerade die ungewöhnlich große Oberweite zog die aufmerksamen Blicke der Zöllner am Flughafen auf sie. Renate Y. wurde zu zwei Jahren auf Bewährung für den Drogenschmuggel verurteilt.

Der falsche Bruder

Bordellchef Rudi K. wurde wegen Zuhälterei zu zwei Jahren Freiheitsstrafe ohne Bewährung verurteilt. Sein Bruder Norbert bot ihm an, die Strafe für ihn abzusitzen. So könnte Rudi seine lukrativen Rotlicht-Geschäfte weiterführen, während der Gelegenheitsarbeiter Norbert großzügig entschädigt werden sollte. Bei Haftantritt entging den Vollzugsbeamten tatsächlich, dass Norbert K. fast einen Kopf größer war als Bruder Rudi, etwa 20 Kilo mehr wog und ihm nur entfernt ähnlich sah. Über 10 Monate sah es so aus, als würde der Plan glücken, bis ein Zufall die Brüder auffliegen ließ. Ein neuer Gefängnisinsasse namens Faruk wollte mal mit seinem alten Freund Rudi reden. Als er sich zu Zelle 21 durchgefragt hatte, blieb er verblüfft stehen: »Rudi war doch früher viel kleiner!«

Rudi K. musste seine zweijährige Haftstrafe doch noch antreten, und Norbert K. wurde von der Justizbehörde zehn Monate Unterkunft und Logis in Rechnung gestellt.

Volle Hose

Eine Verkäuferin beobachtete einen 26-jährigen Mann, der zwei Schachteln Zigaretten in seiner Jogginghose versteckte. Die herbeigerufene Polizei fand in der pluderartigen Jogginghose des Mannes insgesamt 85 Zigarettenschachteln.

Falsche Ehefrau

Eine Erpresserin hatte gleich mit drei verheirateten Männern eine Affäre. Anschließend erpresste sie die Opfer und forderte 750 Euro Schweigegeld. Zwei der Männer zahlten brav, der Dritte ging zur Polizei: Er war gar nicht verheiratet. Der Mann hatte die Ehefrau nur erfunden, damit er die Frau auf Abstand halten konnte.

Hotelzimmer-Dieb

Ganze Arbeit leistete ein Hotelgast im sächsischen Freital. Er ließ aus einem Doppelzimmer den Fernseher, die Minibar, das Telefon, zwei Federbetten, zwei Kopfkissen und sechs Kunstdrucke mitgehen. Außerdem knackte er den Zigarettenautomaten des Hotels. Schließlich hinterließ er eine unbeglichene Telefonrechnung. Zunächst blieb unklar, wie sich der rund 25-jährige Mann, schwer bepackt mit Getränkekühlschrank, Fernseher und Bettzeug, an der Rezeption vorbeischleichen konnte oder ob er die Beute einem Kollegen aus dem Fenster reichte. Immerhin hatte er die Zimmerrechnung bereits im Voraus bezahlt.

Diebischer König

Gelegenheit macht Diebe – ein 35-jähriger Mann aus Hüsten im Sauerland fand eine EC-Karte samt PIN-Nummer. Der Mann konnte der Versuchung nicht widerstehen und hob eine vierstellige Summe ab. Dabei wurde er von einer Überwachungskamera gefilmt. Als die Aufnahme veröffentlicht wurde, staunte die Polizei: Das Konterfei des Gesuchten prangte gleich doppelt in der Zeitung – einmal im Zusammenhang mit der Kontokarte, einmal als Porträt des neuen Schützenkönigs.

Reinlicher Einbrecher

Nur die eigene Körperpflege hatte ein Serieneinbrecher im Sinn. Der Unbekannte drang bereits viermal in die Wohnung eines 64 Jahre alten Rentners im baden-württembergischen Waldshut-Tiengen ein. Dabei hatte der Einbrecher nie etwas gestohlen, sondern nur die Dusche der Wohnung benutzt. Bei seinem letzten Einbruch ließ der Einbrecher erstmals eine Spur zurück: einen gebrauchten Waschlappen.

Hund beißt Exhibitionisten

Mit einem beherzten Biss in die Weichteile schlug ein Hund im niederrheinischen Dinslaken einen Exhibitionisten in die Flucht. Der Mann hatte sich der Halterin zuvor »in schamverletzender Weise« gezeigt. Der große Schweizer Sennenhund habe »sofort reagiert und in das Corpus Delicti gebissen«.

Dummer Erpresser

Ein 43-jähriger Mann rief zweimal bei einem privaten Radiosender in Leipzig an und drohte, eine Bombe zur Explosion zu bringen. Die Mitarbeiter des Senders kamen dem Anrufer jedoch sehr schnell auf die Schliche, weil er seinen privaten ISDN-Anschluss benutzte und die Rufnummer nicht unterdrückt wurde. Mithilfe der Nummer konnten die Beamten den Mann aus dem Vogtland dingfest machen. Er legte unterdessen ein Geständnis ab. Als Motiv für die Taten gab der Anrufer Ärger darüber an, bei einem Gewinnspiel des Senders nicht gewonnen zu haben.

Schlechtes Gewissen: 84-Jährige gesteht Diebstahl

Fast sechs Jahrzehnte nach einem kleinen Diebstahl hat eine 84-jährige Frau aus dem bayerischen Amberg ihre Tat der Polizei gebeichtet. Die längst verjährte Straftat der Frau belastete ihr Gewissen – fast ihr ganzes Leben lang. Die alte Dame hatte im Kriegswinter 1943/44 einen Schal gestohlen. Fast 60 Jahre danach entschloss sie sich, die Tat zu melden, um die quälenden Gedanken loszuwerden.

Fußgänger bitte
andere Straßenseite
benutzen

Alltag

DIE WICHTIGSTEN NACHRICHTEN AUS DEM HERZEN DES DEPPENLANDES

Jeden Tag sind die Zeitungen voll mit Meldungen über die wundersamsten Deppen der Nation. Hier eine Auswahl aus dem Herzen des Deppenlandes:

Der Mond gehört niemandem

Enttäuschung für den angeblichen Mond-Besitzer Martin Jürgens aus Westfalen: Der Mond gehört niemanden und darf folglich auch nicht verkauft werden. Das hat das Institut für Luft- und Weltraumrecht der Universität Köln mit Hinweis auf den Weltraumvertrag von 1967 festgestellt. Jürgens, der den Mond von seinen Vorfahren geerbt haben will, hatte sich mit dem Mondverkäufer Dennis Hope in Kalifornien um den Erdtrabanten gestritten. Hope hatte bei einer Bezirksbehörde im Kalifornien seinen Anspruch auf den Mond registrieren lassen. Seitdem verkauft er für rund 16 Dollar kleine Parzellen auf der Sonnenseite des Himmelskörpers. Jürgens, der Rentner aus dem westfälischen Westerkappeln, behauptet, der Mond befinde sich seit 1756 im Besitz seiner Familie. Damals habe Friedrich der Große den Mond an seinen Vorfahren Aul Jürgens verschenkt.

Böses Dinner for one

Der Silvester-Klassiker *Dinner for one* ist ins Visier von Naturschützern geraten: Das Bonner Bundesamt für Naturschutz kritisierte den präparierten Tigerkopf, über den der alkoholisierte Butler James andauernd stolpert. Die Verwendung des Tigers sei »keine gute Anregung« für Zuschauer.

Dat darf ick nich!

Wer sich auf dem Bremer Standesamt das Ja-Wort geben will, muss dies in hochdeutscher Sprache tun. Eine Eheschließung auf plattdeutsch durch »Jo«, »Jau« oder »Dat will ick« ist nicht unzulässig. Diese Auskunft bekam ein Mann, der sich beim Institut für niederdeutsche Sprache erkundigt hatte, ob er in der Hansestadt seiner Angebeteten das Ja-Wort auf Plattdeutsch geben könne.

Die Joghurt-Ritter

Der Handelskonzern Rewe zahlt in seinen HL- und miniMal-Märkten künftig keine Entdeckungs-Prämien mehr für Waren mit abgelaufenem Mindesthaltbarkeitsdatum. Bisher hatten Kunden, die in den Regalen Lebensmittel mit überschrittenem Datum fanden, Warengutscheine im Wert von Euro 2,50 erhalten. Doch zum Teil bundesweit organisierte Absahner-Truppen kosteten Rewe schließlich zu viel Geld.

Ganz, ganz falscher Alarm

Alarm bei der Feuerwehr in Altenkirch (Landkreis München). Ein Anrufer hatte einen Waldbrand gemeldet. 30 Feuerwehrleute stürmten auf ihre Einsatzzüge. Doch da hieß es plötzlich: »Kommando zurück«. Der angebliche Waldbrand hatte sich als flammender Sonnenuntergang zwischen Wolkenfeldern entpuppt.

Mann erschlägt nervenden Hahn

Ein Mann hat in München den krähenden Haushahn seines Nachbarn mit einem Gartenrechen für immer zum Schweigen gebracht. Der genervte Mann sei in den frühen Morgenstunden am Samstag im Schlafanzug über den Zaun geklettert und habe den Hahn erschlagen, berichtete die Polizei.

Satire erschreckt Urlauber

Zahllose Urlauber wollten gebuchte Reisen stornieren. Chaos herrschte an den deutschen Flughäfen, dort riefen Tausende verunsicherter Bürger an. Grund: Eine Satire des WDR-Magazins *Monitor* über eine angebliche Ausreisesteuer. *Monitor* hatte in einer Satire von »Waigels (ehem. deutscher Finanzminister, Anm. d. Autors) neuster Sparidee« berichtet. Danach sollten Touristen eine Ausreisesteuer von 75 Euro pro Erwachsenem und 35 Euro pro Kind entrichten. Dazu gab es Bilder von Urlaubern, die diese Steuer bereits bezahlten.

Doppelt gemoppelt

Eine 61-jährige Autofahrerin hat einen Radfahrer in Duisburg gleich doppelt überfahren. Beim Verlassen eines Grundstücks rollte sie in eine Gruppe von Radfahrern und rammte einen 51-jährigen Mann. Die Fahrerin stieg aus, sah den verletzten Mann unter dem Auto liegen und setzte das Fahrzeug zurück. Dabei überrollte sie den Radler ein zweites Mal.

Geht so lustig

Ein gemeiner Scherz brachte acht Hamburger Polizisten ein Strafverfahren inklusive Versetzung ein: Sie sollen einem Kollegen kollektiv in den Helm gepinkelt haben. Der 23-jährige Bereitschaftspolizist fand die uringetränkte Kopfbedeckung in seinem Schrank vor.

Der Trabi-Truck

Neun Menschen saßen im Trabi, als ihn die Polizei im brandenburgischen Tesendorf (Kreis Oberhavel) stoppte. Dabei stellte sich heraus, dass nicht nur der Wagen »voll« war, sondern auch der 33-jährige Fahrer, der keinen Führerschein besaß. Der Alkoholtest ergab einen Wert von 3,77 Promille. Neun Trabi-Mitfahrer saßen im Auto bzw. lagen im Kofferraum und auf dem Dach. Vier davon flohen vor der Polizei in den Wald.

Exhibitionist belästigt Kühe

Ein 34-jähriger Bauer aus Witten traute seinen Augen nicht: Auf seiner Weide hüpfte zwischen aufgeschreckten Kühen ein 45-jähriger Mann mit heruntergelassener Hose herum und belästigte die Rinder. Als die Polizei eintraf, lag der Betrunkene neben einer Kuh und schlief.

Warten auf Godot

Das Warten auf Godot hat sich für eine Mutter aus Hannover gelohnt: 195 Tage nach der Geburt ihres Sohnes darf sie das Kind offiziell »Godot« nennen. Das entschied das Landgericht Hannover. Ein Standesbeamter in Hannover hatte sich geweigert, neben den Namen »Max« und »Geronimo« auch »Godot« ins Stammbuch einzutragen, da es sich um einen literarischen Fantasienamen handelte.

Oma spielt Auto-Billard

Eine 76-jährige Autofahrerin rammte in Oberhausen insgesamt 16 parkende Autos. Ein Polizeisprecher: »Das ist ein Vierteljahrhundertunfall. Sie hat nach jedem Unfall zurückgesetzt, ist dann wieder losgefahren und wie eine Billardkugel mit dem nächsten Wagen kollidiert«. Ein Passant zwang die Rentnerin schließlich zum Anhalten. Die Dame erklärte, sie sei von der Sonne geblendet worden.

Betrunkener parkt im Wohnzimmer des Nachbarn

Ein Krefelder parkte zügig ein: Ohne links und rechts die Wand zu berühren, durchbrach er die Rückwand seiner Garage, einen Zaun, raste 25 Meter durch den Vorgarten und landete bei seiner Nachbarin im Wohnzimmer. Der alkoholisierte Fahrer gab seiner defekten Automatik-Schaltung die Schuld für den Ausflug.

Schutzengel unterwegs

Eine 35-jährige Autofahrerin kam bei Merseburg von der Straße ab, durchbrach ein Brückengeländer, flog 50 Meter weit und 6 Meter tief auf Bahngleise und wurde dort von einem ICE erfasst. Die Lok schleifte den Pkw trotz Vollbremsung noch 40 Meter weit mit.

Die stark alkoholisierte Autofahrerin stieg unverletzt aus.

Notruf von der Tochter

Die Leitstelle der Kölner Polizei erhielt einen dringenden Notruf: »Mein Papi gibt mir nicht die Fernbedienung für den Fernseher«, erklärte sich ein entrüstetes Kind. Die Beamtin, die den Ruf entgegennahm, beschwichtigte das Kind und bat, den Vater ans Telefon zu holen. Der war überrascht – vor allem darüber, dass seine vierjährige Tochter eigenständig die Polizei anrufen konnte.

Krieg um Aldi-Computer

Polizeieinsatz bei Aldi in Konstanz. Grund: Ein Kunde zwang den anderen per Schreckschusspistole, ihm einen günstigen Computer zu überlassen. Dann stellte er sich mit seinem Schnäppchen an die Kasse. Die Kassiererin hatte den Tumult beobachtet und die Polizei gerufen. Die Beamten überwältigten den Schnäppchenkrieger.

Mein Auto ist dreckig!

Weil sein geliebter Wagen von einem durch eine Pfütze fahrenden Wartburg beschmutzt wurde, rastete ein Mann in Brandenburg aus. Als der andere Fahrer anhielt und ausstieg, um sich zu entschuldigen, holte der Mann ein Beil aus dem Kofferraum und verletzte ihn damit an der Schulter. Anschließend hackte er mit dem Beil auf das Dach des Wartburgs ein.

Krieg um Parklücke

Zwei Männer stritten um eine Parklücke in Bremen. Mit einer Schreckschusswaffe entschied einer der Streithähne den Kampf. Ein 19-jähriger Autofahrer hatte sein Fahrzeug geparkt, als ein 28-jähriger Autofahrer ihn lautstark beschimpfte und seinen Anspruch auf den Parkplatz anmeldete. Der Ältere ging mit einem Schlagstock auf den Parkplatzinhaber los. Dieser zog daraufhin eine Schreckschusswaffe und schoss dem anderen aus nächster Nähe ins Gesicht. Das Opfer musste in eine Augenklinik gebracht werden.

Ich bleibe stehen!

Ein Pauschalreisender verklagte den Reiseveranstalter, er müsse ihn für unfreiwilliges Urinieren im Sitzen entschädigen. Ein 50-jähriger Kunde will rund 300 Euro, das sind 25 Prozent des Reisepreises, zurückhaben. Begründung: Das durch eine defekte, immer wieder herunterfallende Klobrille im Bad seines Hotelzimmers erzwungene Urinieren im Sitzen habe seine Urlaubsfreuden auf Mallorca getrübt.

Wo ist das schlimme Prozent?

Die Marktsättigung bei Klopapier beträgt nur 99 Prozent. Das heißt, dass 1 Prozent der Bevölkerung immer noch Zeitungspapier oder sonst irgendetwas anderes verwendet, erklärte Werner Schießl, Geschäftsführer der Firma Kimberley Clark.

Schlechter Ort

Einen äußerst schlechten Schlafplatz hat sich ein Drogenabhängiger bei Kaufbeuren ausgewählt: Als er sich im Auto zur Ruhe legte, parkte er ausgerechnet neben einem Übungsplatz für Rauschgiftsuchhunde. Nachdem die Hunde den 35-Jährigen mit lautem Gebell geweckt hatten, fanden die Beamten in der Jacke des Mannes 10 Gramm Marihuana.

Falscher Alarm II

Eine im Wasser treibende Sex-Gummipuppe löste einen Großeinsatz der Münchner Polizei aus. Ein aufgeregter Zeuge meldete, in der nahe gelegenen Würm treibe ein Kind. Der Beamte habe daraufhin über die Einsatzzentrale Hubschrauber, Diensthundeführer und Feuerwehr alarmiert. Außerdem machte sich jeder verfügbare Beamte auf den Weg. Am Einsatzort angelangt, erlebten die Retter allerdings eine Überraschung: Im Wasser trieb kein Kind – sondern eine Sex-Gummipuppe. Ein offenbar enttäuschter Liebhaber hatte sich wohl auf diese herzlose Weise von seiner rothaarigen Gespielin getrennt.

Kehrmaschine räumt Radarfalle ab

Eine Kehrmaschine der Stadtreinigung hat in Essen eine Radarfalle der Polizei abgeräumt. Die Polizisten hatten für das Radargerät ein Stromkabel über die Straße gelegt. Die Kehrmaschine erfasste das Kabel. Das Messgerät flog zwei Meter durch die Luft und gab den Geist auf. Da Blitzlicht, Kamera und Messkegel beschädigt worden seien, musste die Messung abgebrochen werden.

Das falsche Geschenk

Weil er das erhoffte funkgesteuerte Spielzeugauto nicht unter dem Weihnachtsbaum fand, hat ein 11-jähriger seiner Mutter 450 Euro gestohlen, um sich den Wunsch selbst zu erfüllen. Wie die Polizeidirektion Nürnberg berichtete, fiel der Junge dem Inhaber eines Spielzeuggeschäfts auf. Dieser verständigte die Polizei, weil der kleine Einkäufer an der Kasse mit einem sehr hohen Geldbetrag gesehen wurde. Mit Geld und ohne Auto wurde er von den Beamten seiner Mutter übergeben.

Müder Telefonsex

Ein 25-jähriger marokkanischer Hotelgast in Köln wählte von seinem Hotelzimmer aus die Nummer einer Telefonsexagentur. Dann schlief er aber trotz der Bemühungen der Dame am anderen Ende der Leitung mitten im offenbar nicht allzu erregenden Gespräch ein. Als er erwachte, wartete auf ihn eine Telefonrechnung von annähernd 1.400 Euro.

Kaminfeuer als Fernsehtestbild – Frau ruft Feuerwehr

Eine Frau war nur kurz eingenickt, dann schreckte sie das Knistern und die Flammen in ihrem Fernsehapparat hoch. Die Frau aus Kissing (Landkreis Aichach-Friedberg) alarmierte die Feuerwehr, weil sie glaubte, ihr Fernseher brenne. Die Helfer sahen aber nur das Testbild eines Privatsenders, der ein züngelndes Kaminfeuer zeigte.

Männer brauchen keine Hilfe!

Neun Stunden lang wartete ein Schwerbehinderter an einer vielbefahrenen Bremer Straße darauf, die Fahrbahn zu überqueren. Der 65-Jährige wollte gegen 10.00 Uhr eine Bushaltestelle auf der anderen Straßenseite erreichen, um von dort nach Hause in seine betreute Wohngemeinschaft zu fahren. Wegen des starken Verkehrs traute sich der Gehbehinderte nicht alleine über die Straße, doch wollte er anscheinend auch keine Unterstützung in Anspruch nehmen.

Ein Apotheker sagte, er habe dem Mann vergeblich seine Hilfe angeboten. Am Abend informierte er dann die Polizei. Zwei Beamte brachten ihn daraufhin gegen 19:00 Uhr nach Hause.

Das ging ins Klo

Der Bundesgrenzschutz hat sich in Hannover als Helfer in einer Notsituation erwiesen. Ein 36-jähriger Koblenzer hatte im IC 622 in Höhe von Lehrte versehentlich mehr als 10.000 Euro durch die Toilette ins Freie gespült. Ein BGS-Sprecher: »Der aufgeregte Mann gab an, er wolle sich in Braunschweig ein Auto kaufen. Zur Sicherheit vor Taschendieben habe er das Geld in der Unterhose transportiert. Auf der Toilette habe er nicht mehr an das Geld gedacht und es sei durch die offene Toilettenklappe verschwunden.« Der BGS entdeckte das in Klarsichtfolie verpackte Geld und händigte es dem überglücklichen Mann aus.

Illegaler Friseursalon auf Damenklo aufgeflogen

Auf der Damentoilette eines Cafés in Augsburg entdeckte die Polizei einen illegalen Friseursalon. Die Beamten fanden bei einer Kontrolle des Lokals die umgewandelten Geschäftsräume, in denen der heimliche Friseur gerade seinem Handwerk nachging. Die Polizisten beschlagnahmten die Ausrüstung sowie einen Sack voller Haare. Der illegale Barbier beging damit gleich zahlreiche Vergehen, darunter Verstöße gegen Bauordnung, Gaststättenrecht, Gewerbeordnung, Feiertagsgesetz, Abgabenordnung, Sozialgesetzbuch, Handwerksordnung und Hygienevorschriften.

Zu betrunken für den Atemalkoholtest

Der Atemalkoholtest ist einfach. Man muss nur in ein Röhrchen pusten. Fertig. Doch selbst das kann zu schwierig sein, wie ein Fall in der vorpommerschen Hansestadt Stralsund zeigt. Trotz intensiver Bemühungen schaffte es ein 58-jähriger Verkehrssünder nicht, seinen Atem in das Röhrchen zu blasen. Der schwer angetrunkene Mann verwechselte offenbar das Testgerät mit einem Trinkgefäß, teilte die Polizei. Anstatt zu pusten, versuchte der Betroffene immer wieder aus dem dargereichten Mundstück zu trinken.

Bügeln für 5.000 Euro im Monat

Er bügelte mitten in seinem Dienstzimmer: Mit Hausarbeiten und Kreuzworträtseln hat ein Bankangestellter mit einem Monatsgehalt von mehr als 5.000 Euro seine Arbeitszeit totgeschlagen. Die Bank wollte ihn loswerden und weigerte sich, ihm angemessene Arbeit zu geben. Als der Mann schließlich zwei Tage zu Hause blieb, erhielt er eine Abmahnung – zu Unrecht, wie das Landesarbeitsgericht Berlin jetzt entschied. Der Mann habe ein »Zurückbehaltungsrecht hinsichtlich seiner Arbeitsleistung« gehabt, weil der Arbeitgeber ihn nicht angemessen beschäftigt habe, erklärte das Gericht.

Peinlicher Kondomkauf

Der erste Kondomkauf ihres Lebens hat zwei bayerischen Buben fast das Leben gekostet. Weil den 14 und 15 Jahre alten Teenagern der Kauf peinlich war, zogen sie sich Nylonstrümpfe über die Köpfe und gingen in eine Tankstelle. Eine vorbeifahrende Polizeistreife glaubte an einen Überfall und legte sich mit gezückten Waffen auf die Lauer. Die Jungs wurden festgenommen. Doch sie hatten die Kondome brav bezahlt.

Willkommen in Polen

Ein gefälschtes Schreiben des sächsischen Innenministeriums sorgte in Zittau für große Aufregung. Unbekannte hatten den Einwohnern mitgeteilt, dass der Ort nach Polen ausgegliedert würde. Zittau liegt im Dreiländereck Deutschland, Tschechien und Polen. In dem Brief hieß es, die Stadt werde im Zuge einer Neuvermessung der Grenze ab 1. Januar 2002 zum polnischen Staatsgebiet gehören. Umgehend müsse die polnische Staatsangehörigkeit beantragt werden. Dies setze allerdings die Kenntnis der polnischen Sprache voraus. Kurse werde das Innenministerium kostenlos anbieten. Das Schreiben war mit dem gefälschten Amtssiegel des Ministeriums versehen und von einem Staatssekretär Peter Schaubert unterzeichnet, den es aber gar nicht gab. Der Oberbürgermeister von Zittau, Jürgen Kloß, sprach von einer böswilligen Fälschung.

Hund erschießt Jäger

Ein Jäger aus dem schwäbischen Bad Urach ist durch einen Schuss aus seinem Jagdgewehr ums Leben gekommen. Der 51-jährige Mann wurde von Waldarbeitern tot in seinem Auto aufgefunden. Das Drillingsgewehr lag auf dem Beifahrersitz und zeigte auf den Toten. Es war vorgespannt, sodass sich der Abzug leicht bewegen ließ. Entweder habe sich der Schuss gelöst, als der Mann mit dem Gewehr hantierte, oder der Hund sei versehentlich an den Abzug gekommen, sagte ein Sprecher.

99 Prozent Steuern und Abgaben

Einer Putzfrau des bayerischen Landtags kamen bei Erhalt der Lohnabrechnung die Tränen: Von ihrem Urlaubsgeld in Höhe von 162 Euro bekam sie lediglich 1,79 Euro ausgezahlt. 99 Prozent waren ihr für Steuern und Sozialabgaben abgezogen worden. Durch das Urlaubsgeld war die Frau in der Steuerprogression stark nach oben gerutscht. Ihr einziger Trost: Beim Lohnsteuerjahresausgleich bekommt die Putzfrau einen Teil des Geldes zurück.

Einbrecher will ins Gefängnis

Aus Sehnsucht nach dem Gefängnis stellte sich ein Einbrecher der Polizei: Der 40-jährige Italiener erklärte auf der Wache: »Ich will wieder in den Knast«, und gestand drei Einbrüche. Der Vorbestrafte sagte, wenn er ins Gefängnis käme, müsse er keine Straftaten mehr begehen. Er sei vor drei Monaten aus einer Stuttgarter Strafvollzugsanstalt entlassen worden und habe seinen Pass verloren. Ohne Pass bekomme er keine Arbeit und könne sich nirgends legitimieren. Seit zwei Monaten sei er obdachlos. Da es immer kälter werde, wolle er gern eine Unterkunft im Knast. Diesem Wunsch konnten die Polizeibeamten entsprechen.

Weihnachtsmänner dürfen nicht demonstrieren

Die Männer mit dem weißen Rauschebart dürfen in der Hauptstadt Berlin nicht demonstrieren. Das mussten die rund 380 Studenten erfahren, die zum 1. Dezember am Potsdamer Platz »für die Erhaltung der Arbeitsplätze« demonstrieren wollten. »Aber die Polizei hätte eine Versammlung wegen des Vermummungsverbots nicht erlaubt«, erklärte Oberweihnachtsmann Jörg Schöpfel. Auch das Verbot der Uniformierung sei ein Hindernis gewesen.

Extrem günstige Tankstelle

Die billigste Tankstelle steht im schwäbischen Biberbach – 8,9 Cent der Liter Super – doch nur für einen Abend. An der betreffenden Tankselle tankt man ohne Tankwart, nur mit Kreditkarte. Ein Angestellter hatte die Benzinpreise falsch in den Computer getippt und war nach Hause gegangen. Folge: Hunderte von Anwohnern tankten begeistert, bis etwa sieben Stunden später eine Polizeistreife aufmerksam wurde und die Zapfsäule sperrte.

EU-Kondom für deutsche Männer zu groß

Das EU-Einheitskondom EN 600 ist vielen deutschen Männern offenbar zu groß. Eine Messaktion ergab, dass der Hälfte der Zielgruppe das EU-Kondom nicht passe. Der durchschnittliche deutsche Penis sei etwa dreieinhalb bis vier Millimeter schmaler als von der EU vorgesehen. Die Kondomindustrie schlug vor, mehrere Größen einzuführen.

Viel Lärm um einen Vibrator

Über unerträglichen Lärm aus der Nachbarwohnung hat sich am Donnerstagmorgen ein Straubinger beschwert. Der betrunkene Mann vermutete eine Kettensäge als Lärmquelle. Nach ausgiebiger Suche wurden die Polizeibeamten jedoch im Schlafzimmer des Anrufers fündig: Das Corpus Delicti war ein laufender Vibrator im Nachtschränkchen seiner von ihm getrennt lebenden Ehefrau. Der Mann hatte das Gerät offenbar beim Kramen in der Schublade versehentlich in Gang gesetzt.

Nacktjoggen bleibt verboten

Nacktjoggen bleibt verboten, obwohl hüllenloses Sonnen längst weit verbreitet ist. Das beschloss das Oberlandesgericht (OLG) in Karlsruhe. Das Gericht bestätigte eine Geldbuße von 1.200 Euro gegen einen 50-jährigen Diplompsychologen aus Freiburg, der mehrfach nur mit Schuhen und Strümpfen bekleidet durch eine öffentliche Anlage gejoggt war.

Der Mann hatte seine Auftritte zuvor auch bei der Polizei angekündigt. Er hielt das unbekleidete Auftreten in der Öffentlichkeit für die »natürlichste Sache der Welt«. Das Gericht erklärte jedoch, im Unterschied zum Nacktbaden am Strand dränge der Mann anderen den Anblick seines nackten Körpers auf. Diese »unfreiwillige Konfrontation« verletze das Schamgefühl, befanden die Richter.

Mit Tempo 71 auf dem Rad geblitzt

Absichtlich haben sich zwei Radfahrer in Darup im münsterländischen Kreis Coesfeld mit Tempo 71 blitzen lassen. »Wie den gespannten Gesichtern der Rennradfahrer zu entnehmen ist, überschritten sie die zulässige Höchstgeschwindigkeit von 50 Kilometer pro Stunde offensichtlich in der Absicht, den Blitz auszulösen«, berichtete ein Sprecher des Landratsamtes.

»Kleine Waldfee« schlägt 79-jährigen Freier

Ein 79-jähriger Magdeburger wurde von einer Prostituierten geschlagen, weil er aus Unzufriedenheit über deren Körpergröße ihre Dienste nicht bezahlen wollte. Der 1,55 Meter große Mann hatte die Frau, die in einer Anzeige mit dem Slogan »Kleine Waldfee für dich« warb, zu sich nach Hause eingeladen. Seine Enttäuschung sei groß gewesen, weil die kleine Fee ihn um einen Kopf überragte und nicht gerade zierlich war. Es sei schon an der Wohnungstür zum Streit um die Zahlung der vereinbarten 100 Euro Liebeslohn gekommen, in dessen Folge die Frau dem 79-Jährigen einen Schlag aufs Auge versetzt haben soll.

Kleines Versehen des Kanzlers: Zigarren aus Kuba für Clinton

Bundeskanzler Gerhard Schröder brachte US-Präsident Bill Clinton in Schwierigkeiten: Er schenkte Clinton ein Kästchen mit Zigarren. Versehentlich habe der Kanzler allerdings zur falschen Kiste gegriffen, hieß es im Bundespresseamt. Schröder überreichte edle Rauchwaren aus Kuba. In den USA ist die Einfuhr kubanischer Produkte allerdings verboten.

Kieler Schultoiletten ohne Papier

An Kieler Schulen herrscht Klopapier-Knappheit. Der Grund: maßlose Verschwendung und Vandalismus. Eine Schule forderte die Eltern auf, ihren Kindern Toilettenpapier in die Schultasche zu stecken. Diese Sicherheitsreserve sei erforderlich, weil der Kauf von Toilettenpapier in manchen Schulen die Budgets zu sprengen drohe. Viele Schüler machten sich offenbar einen Spaß daraus, Unmengen von Papier in die Toilette zu stopfen. Häufig sorgen sie damit sogar für Überschwemmungen. Um die Ausgaben in Grenzen zu halten, gebe man vielerorts nur noch eine Rolle pro Toilette am Tag aus.

Siebenjähriger ruft Polizei

Ein sieben Jahre alter Junge hat in Speyer die Polizei gerufen. Der Grund: Seine Mutter hatte ihm das Eis weggenommen. Wie die Beamten mitteilten, rief der Knirps auf der Wache an und erklärte, seine Mutti gebe ihm »nichts zu essen«. Als eine Streife den Vorfall untersuchte, stellte sich heraus, dass der Junge durchaus wohlgenährt war. Doch der Knabe beklagte sich zudem bitterlich, dass seine Mutter bereits letzte Woche nicht mit ihm zu McDonald's gegangen sei. Der Appell an die Polizeibeamten hatte jedoch keinen Erfolg.

Frisiertes Moped hängt Streifenwagen ab

Ein 130 Stundenkilometer schnelles Moped überraschte die Polizei im niederbayerischen Straubing. Zwei 17-jährige Auszubildende überholten auf dem frisierten Moped eine Zivilstreife – viel zu schnell. Die Beamten verfolgten die Jugendlichen und versuchten sie mit der Kelle zu stoppen. Doch sie ignortieren die Signale der Polizei. Stattdessen rasten sie mit Vollgas durch die Stadt, überfuhren rote Ampeln und zwangen einen Fußgänger, sich mit einem Sprung in Sicherheit zu bringen. Am Donauhafen konnten die beiden Jugendlichen die Verfolger (inzwischen mehrere Streifenwagen) mehrmals abschütteln und sich in einem Weizenfeld verstecken. Dort wurden sie allerdings entdeckt. Die Jungs sind bereits polizeibekannt.

Betrunkener parkt vor Radargerät

Ein betrunkener Autofahrer hat seinen Wagen ausgerechnet vor einem Blitzgerät der Polizei geparkt. Ein Polizist wollte ihn eigentlich nur auffordern wegzufahren, um die Geschwindigkeitskontrolle fortzusetzen. Weil der 40-jährige Mann jedoch eine Bierflasche aus dem Fenster geworfen hatte, wurde er zu einer Alkoholkontrolle aufgefordert. Die ergab einen Wert von 1,8 Promille.

Brummi-Fahrer verschluckt Fahrtenschreiber

Ein rasender Brummi-Fahrer hielt eine Streife der hessischen Polizei in Atem: Der 47-Jährige raste mit seinem 26-Tonner mit bis zu 120 Stundenkilometern auf einer nur für Tempo 60 zugelassenen Landstraße. Den Polizisten, die ihn anhielten, zeigte er die Tachoscheibe kurz, nahm sie aber sofort wieder an sich, zerriss sie, steckte sie in den Mund und verschluckte das Dokument. Nur unter Einsatz von Gewalt konnte der Mann aus dem Lastwagen gezerrt und gefesselt werden. Im Führerhaus fand die Polizei weitere manipulierte Tachoscheiben. Gegen den Mann wird wegen Urkundenunterdrückung, Fälschung, Widerstands gegen die Staatsgewalt und nicht zuletzt wegen überhöhter Geschwindigkeit ermittelt.

Hoden ab – Wer war's?

Einem 28-jährigen Mann wird vorgeworfen, sich selbst mit einem Küchenmesser die Hoden abgeschnitten zu haben, um so eine Versicherungssumme von 15.000 Euro zu kassieren.

Der als »Hoden-Holger« bekannt gewordene mutmaßliche Düsseldorfer Selbstverstümmler hingegen behauptet, in seiner Wohnung von einer Horde Frauen überfallen und entmannt worden zu sein. Sollte dem Mann eine

Betrugsabsicht nachgewiesen werden, muss er mit einer Haftstrafe von bis zu fünf Jahren rechnen.

Reicher bezieht Arbeitslosenhilfe

Ein 58-jähriger arbeitsloser Mann wurde zu einer zehnmonatigen Freiheitsstrafe auf Bewährung verurteilt, weil er trotz seines Vermögens von rund 500.000 Euro jahrelang Arbeitslosenhilfe bezogen hat.

Kleiner Cop

Ein Sechsjähriger hat sich in einer Polizeiverkleidung für Kinder und mit einer Spielzeugkelle in Bautzen auf eine Kreuzung gestellt und den Verkehr geregelt. Die Autofahrer befolgten die Anweisungen des Jungen, bis eine Streife sein Treiben beendete.

Marathonläufer fahren U-Bahn

33 Läufer des 27. Berlin-Marathons wurden disqualifiziert: Wie die Organisatoren mitteilten, starteten die Sportler wie alle anderen auch am Charlottenburger Tor auf der Straße des 17. Juni. Zwischendurch jedoch seien sie nicht gelaufen, sondern U-Bahn gefahren, um die Strecke zu verkürzen. Der Betrug flog schnell auf. Offenbar hatten die Sportler die am Fuß befestigte Chipkarte vergessen, mit der alle fünf Kilometer Zeitkontrollen durchgeführt werden. Die meisten liefen immerhin bis zum 25-Kilometer-Punkt, einige waren dann wieder ab Kilometer 40 dabei. Im Ziel jedenfalls wollten alle die Medaillen abholen.

Wilder Traum

Ein Albtraum ließ einen 38-jährigen Aachener fluchtartig aus seiner Wohnung flüchten. Er kletterte panisch durch ein Fenster in der ersten Etage ins Freie. »Er hangelte sich übers Fensterbrett, hielt sich an der Fensterbank fest und sprang zirka drei bis vier Meter in die Tiefe«, berichtete die Polizei. »Dort hatte er Glück, dass er nicht in einen Kellertreppenschacht fiel, sondern verhältnismäßig weich auf dem angrenzenden Rasen landete. Nun stand er in T-Shirt und Unterhose an der Straße und rief einen Schlüsseldienst herbei. Doch selbst die Experten konnten nichts ausrichten, weil die Tür von innen besonders gesichert war. Also kam die Feuerwehr. Ein Feuerwehrmann kletterte über eine Steckleiter durchs Fenster und öffnete die Tür. Die Polizisten wiesen ihn darauf hin, dass auf ihn nun einige Kosten zukämen, und hätten gerne gewusst, was er geträumt hatte. Doch das wollte der Mann nicht verraten.

Notlandung für Kaffee

Wegen einer defekten Kaffeemaschine ist eine Maschine der Hapag-Lloyd auf dem Weg zur griechischen Insel Kos umgedreht und wieder in Hamburg gelandet. Die Stewardessen befürchteten, dass sie den Insassen nicht genügend Kaffee hätten anbieten können. Außerdem stellte die Kaffeemaschine ein Sicherheitsrisiko dar. Nachdem die kaputte Kaffeemaschine auf dem Flughafen blitzschnell ausgetauscht worden war, konnte das Flugzeug wieder starten.

Transporter verliert viel Geld

Ein Geldtransporter hat insgesamt 140.000 Euro verloren. Aus der Heckklappe des Wagens seinen auf der Fahrt von Tübingen nach Stuttgart drei Koffer verschwunden. Zwei der Behälter mit rund 40.000 Euro wurden wieder gefunden. Im dritten Aluminiumkoffer mit mehr als 100.000 Euro wurde weiter sogar mit einem Hubschrauber gefahndet.

88-Jähriger überfährt 101-Jährigen

Ein 88-jähriger Autofahrer hat in Bielefeld einen 101-jährigen Fußgänger überfahren. Der 101-Jährige wurde verletzt, konnte aber nach ambulanter Behandlung das Krankenhaus wieder verlassen. Der 101-Jährige habe an einem Fußgängerüberweg die Straße überqueren wollen, als ihn der Autofahrer erfasste. Der 88-Jährige habe offenbar den dunkel gekleideten Fußgänger nicht gesehen. Zum Glück sei er jedoch nicht schnell gefahren, als er ohne zu bremsen den Rentner überfahren habe. Der schwerhörige und einen Gehstock führende Fußgänger sei auf die Motorhaube geflogen und anschließend zu Boden gestürzt.

Aluminium-Polizist lässt Autofahrer auf die Bremse treten

Eine täuschend echt aussehende Polizisten-Attrappe aus Aluminium sorgt in Lindau für brave Autofahrer. Die Fahrer hielten das lebensgroße Foto auf der Figur für echt und träten auf die Bremse, freute sich ein Polizeisprecher. Für die Attrappe wurde ein Polizist in Dienstuniform mit weißer Kappe auf dem Kopf fotografiert. Das Bild wurde auf die Alu-Figur geklebt und wirkt so deutlich authentischer als die bisherigen Attrappen.

Kleiner Schüler um drei Uhr nachts unterwegs

Ein siebenjähriger Junge wurde Opfer seines falsch gestellten Weckers: Er klingelte vor 3 Uhr, dann stand der Junge aus Nieder-Olm bei Mainz auf, zog sich an, schnallte den Schulranzen um und verabschiedete sich von seiner noch schlafenden Mutter. Auf der Straße wunderte der Siebenjährige sich, dass weder Autos noch Kinder da waren. Er wollte zurück nach Hause, jedoch funktionierte die Klingel nicht. Also machte er sich auf den Weg zur Schule. Ein Zeitungsausträger entdeckte den Jungen und brachte ihn zur Polizei.

Blinder fährt betrunken Auto

Ein zu 100 Prozent sehbehinderter Mann wurde bei einer Trunkenheitsfahrt ertappt. Anwohner meldeten gegen Mitternacht, dass im Mainzer Stadtteil Lerchenberg ein Blinder mit einem Auto unterwegs sei. Streifenbeamte stießen auf einen 33-Jährigen, der in einem auf ihn zugelassenen Opel Kadett saß. Die Befragung ergab, dass er den Wagen vom Parkplatz einer Schule weg auf eine Straße gesteuert hatte. Dabei fuhr er immer nur einen halben Meter auf einmal und stieg jeweils aus, um zu ertasten, ob er sich mit dem Auto einem Hindernis nähere. Auf diese Weise schaffte er es, etwa zehn Meter Wegs zurückzulegen. Dann fand er allerdings den Parkplatz nicht mehr. Der Mann hat keinen Führerschein, wollte aber einmal selbst ein Auto lenken. Der Alkoholtest ergab 1,52 Promille.

Dieb Opfer von Räubern

Ein mit zwei Haftbefehlen gesuchter Dieb wurde in Berlin ausgeraubt. Der wohnungslose Mann wurde im Ostbezirk Pankow von drei Männern angehalten, die ihn mit einem Elektroschocker bedrohten. Mit seinem Geld seien sie dann geflohen. Er erstattete Anzeige. Doch bei dieser Gelegenheit nahm ihn die Polizei fest. Der Haftbefehl habe sich auf die Vollstreckung einer Freiheitsstrafe von einem Jahr wegen gefährlicher Körperverletzung und Diebstahls und der andere auf Vollstreckung einer Geldstrafe oder Ersatzhaft von 20 Tagen bezogen.

Navi führt Mann auf Müllhalde

Weil er seinem Navigationssystem vertraute, fand sich ein Geschäftsmann mit seinem Jaguar auf einer Mülldeponie mitten im Wald bei Pfullingen wieder. Der 61-Jährige wollte von München zu seinem Heimatort in der Nähe des Bodensees fahren. Da es auf der Autobahn einen größeren Stau gab, entschied sich der Mann für eine Weiterfahrt über die Landstraße. Hierzu gab er seinen Heimatort als Zielort ins Navigationssystem ein. Dies führte ihn nach Pfullingen. Wie empfohlen bog der Mann dann nach rechts ab, wobei ihn das Navigationssystem durch eine Kleingartenanlage in einen Wald führte. Beim Versuch, auf eine befestigte Straße zu kommen, fuhr der Mann rückwärts in einen Graben und blieb stecken. Schließlich musste der Mann die Polizei zu Hilfe holen.

Pinkler kippt mit Mobilklo

Ein dringendes Bedürfnis befiel einen Schweriner auf dem Heimweg von einer munteren Feier. Der entdeckte ein Mobilklo in Reichweite. Der alkoholisierte Mann schwankte jedoch massiv – die Plaste-Bedürfnisanstalt kippte mit der Tür nach unten um. Erst die Polizei konnte den Unglücksraben befreien.

Knapp daneben

Ein eiliger Autofahrer, der mit seinem Wagen unbedingt noch die Rheinfähre in Königswinter erreichen wollte, stürzte in den Rhein. Der 63-jährige Fahrer versuchte noch im letzten Moment auf die gerade ablegende Fähre aufzufahren. Doch sein Auto prallte gegen die hochgezogene Ladeklappe des Schiffes und rutschte in den Fluss. Der 63-Jährige wurde leicht verletzt, konnte sich aber selbst ans trockene Ufer retten. Der Wagen wurde vom Fährmann zurück auf die Auffahrrampe geschoben. Sachschaden: über 10.000 Euro.

Stadtwerke-Chef wünschte »Heil und Sieg im neuen Jahr«

Der Leiter der Stadtwerke im nordrhein-westfälischen Lennestadt wünschte seinen Mitarbeitern schriftlich »Heil und Sieg im neuen Jahr«. Dabei habe er mit der Parole das Kennzeichen einer verfassungswidrigen Organisation genutzt, erklärte die Staatsanwaltschaft Siegen, die nun gegen ihn ermittelt. Der 54-Jährige hatte die Formulierung in einem per E-Mail an die Bediensteten verschickten Einladungsschreiben zur Weihnachtsfeier verwendet.

350 Kilogramm schwere Frau entbindet

Eine 350 Kilogramm schwere Frau hat in Bremen einen gesunden Jungen zur Welt gebracht. Der kleine Johann wurde in der 31. Schwangerschaftswoche mit einem Gewicht von 1.720 Gramm per Kaiserschnitt auf die Welt geholt. Es ist womöglich medizinisch einmalig, dass eine Frau mit derartigem Gewicht ein Kind zur Welt bringt. Die Seltenheit liege darin, dass solche Frauen »in der Regel nicht schwanger werden«, erklärte der Chefarzt der Frauenklinik. Es sei ein Wunschkind des seit zwei Jahren verheirateten Paares. Johann sei nach seinem gestorbenen Großvater benannt, berichtete eine Großmutter. Die Mutter war 1994 mit Mann und Tochter aus dem Kaukasus in die Bundesrepublik gekommen. Der 40 Jahre alte Vater des Jungen stammt ebenfalls aus dem Kaukasus. Zehn Ärzte – sechs Gynäkologen, zwei Anästhesisten und zwei Kinderärzte – waren bei der Entbindung anwesend.

Flieger gestoppt

Ein Münchner Geschäftsmann, der sein Flugzeug nach Athen verpasste, hat die startbereite Maschine mit einer anonymen Drohung zur Umkehr gezwungen. Doch er durfte nicht mitfliegen: Der Mann wurde festgenommen und muss nun mit einem Strafverfahren sowie einer Schadenersatzforderung von rund 5.000 Euro rechnen. Der 44-Jährige war erst am Schalter der Olympic Airways erschienen, als der Flug bereits abgefertigt war. Daraufhin rief der Mann von einem Hausapparat des Flughafens die Feuerwehr an. »Die Maschine muss sofort stoppen, weil sonst etwas passiert«, drohte er. Die Boeing rollte zum Terminal zurück, Passagiere, Gepäck und Flugzeug wurden durchsucht. Der verhinderte Fluggast wurde wenig später festgenommen, als er sich sein Ticket auszahlen lassen wollte.

Hausgemachtes Erdbeben

Eine defekte Waschmaschine versetzte die Bewohner eines Kölner Mehrfamilienhauses in Panik. Die Maschine vibrierte so stark, dass sie die Mieter um die Nachtruhe brachte. Die verängstigen Bewohner brachten sich kurz vor Mitternacht in Sicherheit. Die gerufenen Polizeibeamten konnten ein Erdbeben, eine defekte Gasleitung oder Bauarbeiten als Ursachen des Phänomens ausschließen. Dann stellte sich heraus: Ein Mieter hatte seine defekte Waschmaschine zu später Stunde in Gang gesetzt, die sich verselbstständigte und zu erheblichen Vibrationen im Haus führte.

Landwirt spielt bei Kontrolle verrückt

Ein Landwirt in Schleswig-Holstein ist völlig ausgerastet, als Kontrolleure auf seinem Hof erschienen. Der 50-Jährige zerstörte aus Wut die Fahrzeuge eines Amtsvorstehers, des Kreisveterinärs und eines weiteren Tierarztes mit seinem Traktor. Als die Kontrolleure eintrafen, setzte sich der Bauer aus Wewelsfleth im Kreis Steinburg sofort in seinen Traktor und fuhr auf die Fahrzeuge der Behördenvertreter zu. Nachdem er mit dem Traktor das Auto des Amtsvorstehers in den Graben geschoben hatte, durchbohrte er die Frontscheibe des Autos des Kreisveterinärs und schob es auf den Wagen des Tierarztes. An den Autos entstand ein Schaden von 50.000 Euro. Die drei Polizisten, die von den Kontrolleuren vorsichtshalber zur Verstärkung mitgebracht worden waren, konnten den Mann erst nach der Tat überwältigen. Der Bauer war bereits zuvor immer wieder durch renitentes und gewalttätiges Verhalten aufgefallen.

Algerier wollte ins Hotel und landete im Asylheim

Ein 33-Jähriger stieg in der Nacht vor dem Chemnitzer Hauptbahnhof in ein Taxi, um zu einem Hotel zu fahren. Der Taxifahrer brachte den Mann jedoch zur Zentralen Ausländerbehörde, wie die Polizei mitteilte. Am dortigen Einlass nahm man an, dass es sich um einen Asylbewerber handelt, und gab ihm Kost und Logis.

Land und Leute

Auto prallt gegen Baum – tot

Produkte

DIE UNVERSTÄNDLICHSTEN BEDIENUNGSANLEITUNGEN

Bedienungsanleitung für den beleuchtbaren Anstecker »GWK 9091« in Weihnachtskerzenform

Herzlichst Gluckwuensch zu gemutlicher Weihnachtskerze Kauf. Mit sensazionell Modell GWK 9091 Sie bekomen nicht teutonische Gemutlichkeit fuer trautes Heim nur, auch Erfolg als moderner Mensch bei anderes Geschleckt nach Weihnachtsganz aufgegessen und laenger, weil Batterie viel Zeit gut lange. Zu erreischen Gluckseligkeit unter finsterem Tann, ganz einfach Handbedienung von GWK 9091:

1. Auspack und freu.

2. Slippel A kaum abbiegen und verklappen in Gegenstippel B für Illumination von GWK 9091.

3. Mit Klamer C in Sacco oder Jacke von Lebenspartner einfraesen und lecheln fuer Erfolg mit GWK 9091.

4. Fuer eigens Weihnachtsfeierung GWK 9091 setzen auf Tisch.

5. Fuer kaput oder Batterie mehr zu Gemutlichkeit beschweren an: wir, Bismarckstraße 4

Fuer neue Batterie alt Batterie zurueck fuer Sauberkeit in deutscher Wald.

Bedienungsanleitung für eine Uhr

»Knotrolle der Normalenraige

1. Normalarraige reigl nach Druck auf S1 sbwechsalnd Siunden und Minuien/Monal und Tao an.

2. Crtian Sle S nocheinmal so aircheinan nur die Sekundan. Um der Normalerraige wiaderuerlangen wiedor S1 durchan.

3. Dia Schaller hdnnan mu dern Finger gedrllchi warden.

Einatellungracharter

4. Alle Einstellungen erfolgen duret, oruchan Van S2. Die Anreigen ertolgen in lolgender Fiethe: Munai, Tey, Sivndvn, Minuten.

5. Zum Andern einer Fuition druchen Sie S2 bie die re andornda Funition eracheinl, Druchen Sie dann S1 bieige orwunichie Zehi arschaini. Wenn alles richtig elngesielli isluruchen Sie S2 bis Slunuen and Mirunan mii blindendern Coppalpunki arschetuen. Sollite die Doppelpunki ruchi blinish denn drucken Sie S1.

6. Drucken Sie S2 und die Normalerraige beginni wis oben beschiisben.

Wechssin der Brtterie:

An der Umbuzilung sind on beidan Satsn Schuile. Veruichen Sie aliese vorsrching mit einar. Munie ru ottnan. Div Uallene wird duith einen Metaustraten testgehitan. Lasen Sre deppen muit einern leinan Schrat-narchar. Entlarane, Sie die Bannerte und Erbetren diese uurch aine newe, uenn den Metahtreslen curuber und das Cuhsues schielien. Felle daeZimrbiaii leer lal Onnen Sie des Guhauan unit balesiigen Ses Gen. Waitslenarer mit surbenn dunnen Setalaubendrcher oder orner Messaibuitze urn ernen feeten. Hellarre-kantake die suchura lut chas uelan reigi die Uler des loubande. Zeli and Deiven.

Aus einer PC-Tastaturbeschreibung

Die STAFF-K9AT tastatur innerseite ist definiert, so dass system software gibt es maximum biegsamkeit im verbergten stimmten tastatur-wirkung. Das ist ausgebildet nicht amerikanen standard code für information interchange coden, sonder die tastatur zurück. Übrigens, allen tasten sind schreibmatik und entwickeln beider ein bau und ein pause skan code. Die tastatur /IO fahrer Können die tasten als schicht tasten oder schreibmatik erklären, als fordert druch die bewerbung.

Montageanleitung für einen Gummistöpsel

1. Legen den stöpsel der Badewanne in den Drän.

2. Wenn der Stöpsel zu den Drän nicht geeignet ist:
   a) Leger der Stöpsel in das Warmwasser für 3 minuten.
   b) Als der Stöpsel weich geworden ist, scheneiden Sie den Stöpsel mit der Schere entlang der Ringe bis das Gröse den Drän geeignet ist.

WEIL ES SO VIELE DEPPEN GIBT – DIE ÜBERFLÜSSIGSTEN WARNHINWEISE

Hinweis auf einem Feuerlöscher:

»Inhalt nicht entflammbar!«

Der Bügeleisenhersteller ROWENTA warnt per Aufkleber:

»Kleidung nicht am Körper bügeln!«

Ein Warnhinweis auf einer Schachtel Streichhölzer:

»Warnung! Der Inhalt dieser Schachtel könnte in Brand geraten!«

Ein deutscher Hersteller von Tischventilatoren warnt in der Gebrauchsanweisung:

»Gerät nicht in Wasser oder andere Flüssigkeiten tauchen.«

Auf einer Dose Pfefferspray:

»Inhalt nicht ins eigene Gesicht sprühen.«

Hinweis auf einer Flasche Mineralwasser von Sainsburys:

»Für Vegetarier geeignet.«

Ratschlag auf einem faltbaren Kinderwagen:

»Kind vor dem Zusammenklappen entfernen.«

Aufdruck auf einer Packung Fischhaken:

»Herunterschlucken schädlich.«

Ein Hersteller von Fieberthermometern empfiehlt:

»Wenn dieses Thermometer rektal eingesetzt wird, sollte anschließend keine Messung im Mund durchgeführt werden.«

Ratschlag eines Produzenten von Haushaltsgeräten:

»Erlauben Sie Kindern nie, in der Spülmaschine zu spielen.«

Motorola rät allen Besitzern eines feuchten Handys:

»Versuchen sie niemals, ihr Handy in einem Mikrowellenofen zu trocknen.«

Beladungshinweis eines Waschmaschinenproduzenten:

»Stecken sie unter keinen Umständen eine lebende Person in die Maschine!«

Umleitung
Umleitung

Namen

DOOFE NAMEN – WENN DIE ELTERN DEPPEN SIND

Also manchmal fragt man sich schon, was sich die Eltern so denken, wenn sie sich einen Namen für ihr Kind einfallen lassen. Wer es mit so einem Namen durch die Schule schafft, der ist zumindest abgehärtet fürs Leben. Sämtliche Namen stehen oder standen tatsächlich in Telefonbüchern oder in den CDs der Telefondatenanbieter wie D-Info.

A

Mark Aber
Eva Adam
Georg Asmus
Karl Auer
Ave, Maria

B

Klara Bach
Johannes Beer
Roy Beer
Rosa Beha
Biene, Maja
Tim Buktu

D

Hans Dampf

E

Rosa Elefant
Heinz Ellmann
Rainer Ernst

F

Bob Fahrer
Klara Fall
Hertha Ficken
Wilma Ficken
Rosa Fingernagel

G

Geyer, Walli

H

Axel Haar
Ernst Haft
Hänsel, Gretel
Martha Hari
Rainer Hohn
Martin S. Horn
Rosa Höschen

K

Klein, Erna
Kleiner, Willi
Hella Kot
Johannes Kraut
Andreas Kreuz
Maria Kron

L

Anna Liese
Toto Lotto
Ernst Lustig

M

Mamma, Mia
Melitta Mann
Mercedes Ferrari
Otto Mane
Ina Möse
Max, Moritz
Philip Morris
Mutter, Theresia

N

Anna Nass
Marion Nette

O

Franz Ohse

P

Marta Pfahl
Alexander Platz
Markus Platz
Pomm, Fritz

R

Peter Rast
Frank Reich
Ute Russ

S

Schwarzer, Peter
Axel Schweiß
Wolfgang See
Kai Sehr
Peter Silie
Gerold Steiner
Rainer Stoff
Strammer, Max

T

Johannes Täufer
Roman Tisch

U

Klaus Uhr

W

Rainer Wein
Wilde, Hilde
Herta Wurst

Z

Edith Zion
Reiner Zufall

WENN DER BERUF NICHT ZUM NAMEN PASST – DEPPERTE BERUFSWAHL

Dann gibt es natürlich Namen, die erst durch die Berufswahl an Komik gewinnen. Da muss man sich eben im Zweifel einen anderen Job auswählen ...

Bauunternehmer:

Rainer C. Ment, Chef einer Baufirma

Finanz- oder Versicherungsberater:

R. Differenz, Steuerberater u. Buchprüfer
(Frankfurt am Main)

M. Geldmacher, Steuerberater u. Buchprüfer
(Orenhofen)

Dr. Schönbucher, Wirtschaftsprüfer & Steuerberater
(Königstein im Taunus)

Friseure:

E. Kahl, Friseur
(Leipzig)

B. Glatzel, Friseuse
(Berlin)

M. Kamm, Friseuse
(Weimar)

Händler/Verkäufer:

B. Kaeser, Schuhhändler
(Sindelfingen)

O. Schwindl, Autoverkäufer
(Neunkirchen a. Sand)

Handwerker:

H. Kaltofen, Ofensetzermeister
(Meine)

H. Hühnerbein, Schuhmachermeister
(Düren, Rheinland)

Ralf Rost, Fahrzeuglackierermeister
(Greven)

Hebammen:
I. Storch, Hebamme
(Magdeburg)

S. Kindervater, Hebamme
(Weimar/Thüringen)

Kleriker:

Pfarrer Nonnenmacher
(Botnag)

K. H. Schluckebier, Pastor i. R.
(Datteln)

Pfarrer Helmut Priester
(Pfarrei Rhodt und Riedburg)

Pfarrer Heilig von Schwalldorf

Bernd Haßdenteufel
(seit 1992 Leiter des Kirchenreferats)

Pfarrer Franz Rosenkranz
(ehemaliger Pfarrer von Kruft/Kreis Mayen-Koblenz)

Rainer Unglaub
(blinder Pfarrer, besprach das Hörbuch *Stadt der Blinden*)

Lehrer:

G. Knüppel, Mittelschullehrerin
(Lübeck)

F. Weißnicht, Rektor

Markward Ungeheuer, Lehrer
(Stuttgart)

Optiker:

Karlheinz Augendübler, Augenoptiker
(Köln)

W. Blind, Optik Uhren Schmuck
(Illshofen)

Philosophen:

Dr. phil. C. Schuppenhauer
(Rondeshagen)

Prof. Irrgang
(Philosoph an der Uni Dresden)

Polizei:

Martin Horn, Polizeihauptmeister i. R.
(Hofgeismar)

Rechtsanwälte/Juristen:

Dr. Mörder, Rechtsanwalt
(Freiburg)

Clara Fall, Juristin

L. Mösenfechtel, Rechtsanwalt
(Köln)

Dipl.-Ing. u. Patentanwalt V. Pfusch
(Stuttgart)

Therapeuten/ Berater:

Gisela von Hinten, Partner- u. Sexualberatung (Ravensburg)

Dorle Brüll, Sprechheiltherapeutin (Meinersen)

Sonstige:

Gottfried Vögel, Besamungstechniker (Sonthofen)

Frau Trinkaus, Wirtin

James Bond, Kaufhausdetektiv

Helmut Hacker, EDV-Fachmann (Bad Schallerbach, Ö.)

Ärzte

Allgemeinmediziner:

Dr. Rudolf Batzill (Königstein im Taunus)

Dr. med. Michael Fieber (Wetzlar)

Dr. Frankenstein (Wolfen, Anh.)

Dr. med. Friedhofen (Trier)

Dr. Schiwago (Bochum)

Dr. med. Manfred Wundschock (Berlin)

Augenärzte:

Dr. M. Blind (Erkelenz)

Dr. Dorothea Lux (Weiden/Oberpf.)

Augenarztpraxis Dr. Cornelia Schiele (Prien am Chiemsee)

Frauenärzte/Gynäkologen:

Dr. Bär (Bad Neustadt an der Saale)

Dr. Bläser (Grevenbroich)

Dr. Busch (Dinklage)

Dr. Fistler (Friesoythe)

Dr. Stefan Hecht (Babenhausen)

Dipl. med. E. Latte (Spremberg)

Dr. Leckscheid

Dr. Lothar Loch (Bochum)

Urologen:

Dr. Altwein (Ulm)

Dr. Hodenberg Dr. i. R.

Dr. med. Rüssel (Borken/Westf.)

Dr. med. Schiffer, Facharzt für Urologie
(Marktoberdorf)

Dr. Sparwasser (Ulm)

Dr. H. Wasserfuhr (Berlin)

Chirurgen:

Dr. Aufschnaiter

Dr. El Barbari

Dr. Fleischer (Neustadt)

Dr. Grausam, Chefarzt Chirurgie
(Gifhorn)

Dr. Killer, Augenchirurg
(Schweiz)

Dr. Ungeheuer (Bad Wörishofen)

Psychiater/Psychologen:

Dr. Odilo Alzheimer, Arzt für Nervenkrankheiten
(München)

Dr. Fasel, Psychotherapeut
(Quelle: Zeitungsbericht)

Dr. Frankenstein, Facharzt für Nerven- u. Gemütskrankheiten
(Oldenburg)

Christina Sorgenfrei, Psychologin

Dr. med. Anneliese Spinner, Nervenfachärztin
(Heidelberg)

SKURRILE VORNAMEN

Manche Vornamen werden von den zuständigen Standesbeamten abgelehnt, weil sie nicht in dem für die Beamten maßgeblichen *Internationalen Handbuch der Vornamen* stehen bzw. den »Dienstanweisungen für die Standesbeamten und ihre Aufsichtsbehörden« widersprechen. Dann bleibt den jungen Eltern nur der Weg vors Gericht.

Verboten sind Namen, die anstößig sind, das Kind der Lächerlichkeit preisgeben oder einfach unpassend sind: z. B. Bierstübl, Puhbert, Pillula, Sputnik, Störenfried, Oma oder Verleihnix.

Außerdem:

Titel als Vornamen (Doktor, Graf, Lady)
Jesus
Christus
Judas
Satan

Gerichte haben außerdem folgende Namen abgelehnt:

Tom Tom
Holgerson
Rosa (als zweiten Vornamen für einen Jungen)
Lord
Stone
Micha (als einziger Vorname für einen Jungen)
Sonne
Rosenherz
Heydrich
Simona (für einen Jungen)

Pfefferminze

Borussia

Mechipchamueh

Venus (als zweiten Namen für einen Jungen)

Schmitz

Omo

»Nicht Vaters Wunsch«

Störenfried

Lenin

Schnucki

Poopy

Fifi

Wie viele Vornamen muss ein Kind ertragen?

Eine Mutter wollte ihrem Sohn zwölf Vornamen geben: »Chenekwahow Tecumseh Migiskau Kioma Ernesto Inti Prithibi Pathar Chajara Majim Henriko Alessandro«. Das Landgericht wies zunächst das Standesamt an, es bei »Chenekwahow Tecumseh Migiskau und Ernesto« zu belassen. Zwölf Vornamen hätten nämlich »einen erheblich belästigenden Charakter für das Kind«. Das Kind habe vermutlich wegen der Vielzahl und Ungewöhnlichkeit der Namen bereits Schwierigkeiten, sich diese überhaupt in der richtigen Reihenfolge merken zu können. Dem schloss sich in der nächsten Instanz auch das Oberlandesgericht an, das allerdings zusätzlich noch den Vornamen »Kioma« gestattete.

Das Bundesverfassungsgericht sah in dem Urteil weder eine Verletzung des Elterngrundrechts noch der allgemeinen Handlungsfreiheit (Art. 2 und 6 des Grundgesetzes). Eltern seien in der Wahl des Vornamens ihrer Kinder zwar grundsätzlich frei. Hier stehe jedoch das Kindeswohl aus den von den Gerichten genannten Gründen entgegen, weshalb die Verfassungsbeschwerde unbegründet sei.

Hier ein paar Ideen, wenn sie dafür sorgen wollen, dass ihr Kind jedes Mal blöd angeschaut wird, wenn es seinen Namen sagt. Diese Namen sind in Deutschland gestattet.

Jungen:

Aalderk, Absolom, Achatius, Achilles, Adalbod, Adalfried, Adalwolf, Adeodatus, Agimund, Agiluf, Alban, Alberich, Alfgard, Alkmund, Alto, Alwinus, Arbogast, Arsensius, Artin, Athanasius, Aughust

Balderich, Bernfried, Billibald, Blasius, Bonifaz, Bringfried, Boy

Candidus, Castor, Christfried, Christobal, Cord, Cottonis, Cyrillus

Dankward, Deinhard, Deodatus, Diddy, Didta, Dietwald, Donatus, Drewes

Ebermund, Eginhard, Egilof, Egolf, Ehregott, Eitel, Eitelfritz, Erkenwald, Erlfried, Ermanerich, Eustachius

Fastmund, Faustinus, Fidelius, Flodoard, Frankobert, Fredo, Freimut, Frerich, Friedl, Friedemann, Frieder, Frithjof, Frobenius, Frobert, Frommhold, Fürchtegott

Gallus, Garlieb, Gaudenz, Gebhard, Gerburg, Gerfried, Germann, Giselmund, Glaubrecht, Glorius, Guntram, Gudmund

Haienrich, Hako, Hanso, Hasso, Haymo, Helgo, Helmfried, Helmi, Helmwart, Hermengild, Hildburg, Honor

Ingbert, Innozenz, Isidor

Josephin

Karlfried, Klodewig, Krafft, Kühnemund, Kunnimund

Leberecht, Lernhard, Lobgott, Ludbert, Luitgard

Makkabäus, Manko, Manolito

Napoleon

Ommo, Ortwin

Pankraz, Parzival, Peregrin, Poldy, Poppäus, Pumuckl

Rambald, Rasso, Reimbald, Rigobert, Rochus, Roderich, Rodewald, Ruprecht

Schildeberto, Schwerthelm, Siebo, Siegbert, Siegwin, Simson, Sixtus, Solveg, Stasi, Sturmius, Swidhard

Teutobert, Theophil, Thoralf, Trudpert

Ulfried

Walfried, Waterloo, Welfhard, Wendelin, Winnetou, Wunibald

Yorik

Mädchen:

Adelgunde, Adeline, Adrienne, Aferdita, Afra, Ägid, Aida, Al-Aline, Alla, Alosia, Alwine, Anieke, Annemie, Annetraut, Apollonia, Armella, Asteria, Atensia, Aurelia

Balbina, Begona, Benedicta, Berenike, Bibbi, Birigitte, Blandina, Blanka, Blea, Blücherine

Centa, Cesarine, Cilly, Clementine, Columba

Dagny, Danuta, Deddine, Demut, Domenica, Dorle

Edda, Edelburga, Edwine, Ekaterina, Elwine, Engelberta, Erdmute, Erlwina, Esderdine, Eugenie, Eutropia

Ferdinandine, Finnie, Florida, Friedegard, Friedlinde

Geilana, Genovefa, Giseltraud, Gitana, Gneisenauette, Gottlobine, Gunhild

Halina, Hanka, Harmkedina, Haune, Hendrina, Hermanna, Hille, Hippe, Hortense

Iduna, Ilonka, Inessa

Jadwiga, Jehuda, Jelka, Jella, Jordanka, Juritta

Katzbachine, Kira, Kleta, Klothilde, Kosmas, Kreszenz, Kreszentia, Kriemhilde, Kunigunde

Leontine, Leopoldine, Lidwina, Likadia, Ludmilla, Lüfthildis, Lugidia, Lukretia

Marditta, Marjaana, Matgorzata, Maximilana, Meinharda, Micheline, Mirka, Munja

Nanette, Norbertine, Notburga

Olympa, Oswalde, Oxana

Palmira, Pepsi-Carola, Perpetua, Petronella, Phillipine, Philomena, Primrose, Propellera

Radegunde, Radmilla, Rapunzel, Rautgundis, Rodica, Rosina, Rosine, Rotraut, Rudolfine, Ruta

Serafine, Siedonie, Siegtraud, Sonngard, Suphansa, Swanburga

Thusnelda, Tobeia, Trula

Undine

Vevi, Vollberta

Walburga, Waldrina, Walfriede, Warinka, Wendula, Werenka, Winzbraut

Zenta

SKURRILE DOPPELNAMEN

Augen auf bei der Partnerwahl! Schon früh sollte man sich bewusst werden, dass bestimmte Kombinationen keinen erstrebenswerten Doppelnamen generieren. Dann lieber auf die Heirat verzichten:

Sexuelles

Uwe Schwanz-Nagel

Ludwiga Lang-Popp

Marita Kahl-Dose

Barbara Sollich-Vögele

Prof. Dr. Christiane Nüsslein-Volhard,
Biologin u. Nobelpreisträgerin

Hildegard Scharf-Fickus

Renate Anders-Poppen

Beleidigendes

Elfi Große-Flasche

Babette Hohl-Kopp

Rita Kleine-Böse

Erna Klaine-Dove

Clemens Große-Macke

Körperliches

Dr. Karin Alt-Dick

Helgard Breitkreuz-Krumm

Dr. Büchsenschütz-Nothdurft

M. Hager-Kurz

Botanisches

Marlene Groß-Blumstengel

Katja Schöner-Zweig

Helmut Popel-Gärtner

Kulinarisches

Sigrid Topf-Kratzer

Inge Krebs-Würstle

Roswitha Scharf-Koch

Curt Schnitzel-Groß

Sonstiges

Helmich Nagel-Neu

Claus Schwarz-Markt

Judith Gurfinkel-Hickinbotham

Oda-Gebiene Hölze-Stäblein (moderierte das Wort zum Sonntag)

Ch. Fröhlich-Feierabend

Hildegard Krüpfganz-Kräck

Elfriede Heiland-Sackschewski

U. Nix-Moos

Besondere Erwähnung verdienen:

Georg Fick-Guthmann aus der Heinrich Fickenscher-Straße

Alfred Leckscheid aus der Rudolf-Breitscheid-Str.

Rainer Prügel u. Marion Puff, Erlangen

Schlitzer, Annemarie, Kniebreche 27

An dieser Stelle auch Dank an unsere ausländischen Freunde für folgende Namen, die uns Deutschen besonders leicht von der Zunge gehen:

Kaneshapillai Kanagasuntharam

Sivananthan Kanagasabapathy

Thirungnana Pasupatheeswavan

Zinep Kotziachousseinoglou

Haralobos Paraskevopoulos

Kanesiah Vethavanam Satchildanandasivam

Saminathasarma Kanesharajakkurukkal

Subramaniam Tharamakulasingam

Thanamjeyasingam Pararasasegaran

Neekilapillai Swakkimpillai

DEUTSCHLAND, DEPPENDORF – DIE SKURRILSTEN ORTSNAMEN

Orte, in denen man nicht mit Kindern Urlaub machen sollte:

14547 Busendorf
57612 Eichelhardt
90537 Feucht
52511 Geilenkirchen
82064 Großdingharting
29693 Hodenhagen
67311 Nackterhof
83367 Petting
18184 Poppendorf
97490 Poppenhausen

66887 Rammelsbach
79350 Sexau
91174 Spalt
55776 Tittenkofen (Gem. Fraunberg)
83104 Tuntenhausen
09430 Venusberg
21360 Vögelsen
83329 Wonneberg

Orte, die man als gesunder Mensch meiden sollte:

Aua (post. zu 74632 Neuenstein)
65611 Brechen
54518 Bruch
38875 Elend (Harz)
Husten (post. zu 57489 Drolshagen)
54689 Jucken
14715 Kotzen
67466 Krankenthal
Krätze (post. zu 31311 Uetze)
Leiden (post. zu Gestratz)
Magenbruch (post. zu 88354 Ostrach)
16278 Neurosow
Niesen (post. zu 34435 Willebadessen)
Quaal (post. zu 23996 Groß Krankow)
Rotzendorf (post. zu 92715 Püchersreuth)
Schmerz (post. zu 06773 Gossa)
38875 Sorge (Harz)
Siechen (post. zu 93413 Cham)

P

Medien

WENN SICH DEPPEN VERSPRECHEN – DIE LUSTIGSTEN VERSPRECHER

Alfred Biolek in *Alfredissimo* (ARD):
»Ich esse am liebsten Geflügel wie Hühnchen und Kaninchen.«

Jürgen Fliege in seiner ARD-Show:
»Sie sagen, der Schlangenbiss sei tödlich. Wie tödlich?«

Alfons Schuhbeck im *Mittagsmagazin*:
»Der Spargel sollte mit möglichst feuchtem Wasser frisch gehalten werden.«

Martin Schlaps vom Hessischen Rundfunk versemmelt die Sportmeldungen:
»Bayer Leverkusen unterlag gegen Schalke 0 : 4. Nein, Bayer Leverkusen unterlag Schalke 04 mit 1 : 3.

Dieter Thomas Heck zu Angelika Milster:
»Sie sind eine wunderbare Frau!«

Sie: »Danke, gleichfalls!«

Marcel Reif beim Spiel Bayern – Unterhaching:
»Je länger das Spiel dauert, desto weniger Zeit bleibt.«

Als Harald Schmidt noch bei SAT1 talkte, rechnete Nadja Auermann vor:
»Meine Tochter ist jetzt drei Monate und vier Wochen alt.«

Formel-1-Pilot Heinz-Harald Frentzen im Interview bei RTL:
»Tanja und ich werden Papa.«

Prinz Alexander von Hohenzollern in *Explosiv* (RTL):
»Sie haben mir das Grüne vom Ei versprochen.«

»So viel aus der idiotischen... Verzeihung, es muss heißen: der äthiopischen Hauptstadt, also Adidas beba – äh, Adis Abeba.«

»Es besteht die Gefahr, dass neue Gabenkrämpfe aufleben.« (Grabenkämpfe)

»Es war bereits der zweite Rattenangriff auf Kabul.« (Raketenangriff)

»Auch der Kanzler würgte die Ministerin.« (würdigte)

»Die russische Regierung erinnerte an die vor zehn Jahren gescheiterten Putzversuche.« (Putschversuche)

»Wie an jedem 20. Juli findet im Innenhof die Kanzlerniederlegung statt.« (Kranzniederlegung)

»Es geht um Krankheitszahlungen im Lohnfortfall.« (Lohnfortzahlungen im Krankheitsfall)

»Meine sehr versehrten Damen und Herren ...«

»Es bleibt bei der Regenstudienzeit, Punkt.« (Regelstudienzeit)

»Das ist – mit Laub versagt – milde ausgedrückt. (mit Verlaub gesagt)

____

»Ich hasse solche Standesdümpel.« (Standesdünkel)

____

»Es geht schließlich um die Rechte unserer schwangeren Kolleginnen und Kollegen.«

____

Der IFO-Gesch ..., Geschlechtsklima ..., nein, der Geschäftsklimaindex sank.

____

»Wirtschaftsexperten rechnen mit keiner neuen Zinnsenkung.« (Zinssenkung)

____

»Mein Ring ist ein Unikat – meine Frau hat genau den gleichen.«

____

»Walrosse können etwa 24 Kilometer pro Stunde schwimmen, also etwa so schnell wie Radfahrer.«

____

»Wieder angestiegen ist im Februar die Zahl der Ahnungslosen.« (Arbeitslosen)

____

»In den frühen Morgenstunden explodierte in einem Vorort von Beirut eine Atombombe, Verzeihung, eine Autobombe, schlimm genug!«

____

»Zwischen Russelberg und Ofschlag liegt eine Palme auf der Fahrbahn – eine Plane. So ist das, wenn man sich das vorher nicht durchliest.«

____

»Die Nachrichtenübersicht: Konklave wählt Ratzinger zum Papst.
Teufel reicht Rücktrittsgesuch ein.«
(Teufel = ehemaliger Ministerpräsident von Baden-Württemberg)

»Der Erfolg der Potenzpille Viagra lässt sich höchstens vergleichen mit dem von Dildo Horn.«
(Guildo Horn)

»Zehntausende Rinder wurden vorläufig getötet.« (vorsorglich)

»Der Antrag sieht vor, dass die Pächter der ostdeutschen Datschen nachträglich für ihre Erschießung zahlen sollen.« (Erschließung)

»Es gibt begründete Hinweise auf illegale Urinanreicherung.« (Urananreicherung)

»Aus dem Studiofenster sehe ich, wie wunderschön draußen der Weihrauch auf den Tannen liegt.« (Raureif)

»Die offene Gruppe lädt ein zu Selbstfahren und Straßenbau, äh, stressfahren, erfahren und abbauen, Selbstab erfahren und stressbauen, du liebe Zeit, da muss ich wohl selbst hin.«

»Für Viagra werden in den USA horrende Preise auf dem Schwanzmarkt, o pfui, meine Fantasie am Morgen, natürlich auf dem Schwarzmarkt bezahlt.

Es waren ja nicht nur Menschen, es sind auch Hunderte von Tieren in der Hundeflut des Jahres, äh, der Hundertjahres- Jahrhundertflut, ja, der Jahrhundertflut zugrunde gekommen.« (umgekommen oder zugrunde gegangen)

»Es handelt sich um einen 30-jährigen, zeitweise pensionslosen Amerikaner, äh, hier steht penislosen, das kann ja wohl nicht sein, doch, das stimmt, der Satz geht noch weiter: dem von seiner Gattin nachts mit einem Küchenmesser, das gibt´s doch nicht, nein, also deswegen zeitweise, aber nicht pensionslos, na ja, mit 30 wäre ja'n bisschen früh, also penislos, tatsächlich ein penisloser Ami, so was kann man mir doch nicht einfach als Meldung zum Ablesen rüberreichen, ich meine, ist doch Wahnsinn, ohne Vorwarnung!«

»Der Botschafter versicherte, der riesige Flächenbrand auf Borneo sei nicht das brennendste Problem Indonesiens.«

»Wer hier gewinnen will, muss mit harten Manschetten antreten.« (Bandagen)

»Bundestrainer Berti Vogts hat heute Nachmittag um seine Entbindung gebeten.« (um seine Entlassung gebeten oder gebeten, ihn von seinen Pflichten zu entbinden)

»Die Bäckerinnung reibt sich am Nacktbadeverbot.« (Nachtbackverbot)

»Die italienische Polizei hat einen international gesuchten Lügner verhaftet, äh, einen Lübner, Libyer, ja, einen Libyer haben sie geschnappt.«

»Die Suche nach Leichtathleten, äh, Verzeihung, nach Leichenteilen geht weiter.«

»Kurz nach dem Unfall explodierte eine Propagandaflasche.« (Propangasflasche)

»Ich nehme eine Cole Dosa.« (Dose Cola)

»Diese Frau reizt nicht mit ihren Geizen.« (geizt nicht mit ihren Reizen)

»Die haben mir sofort eine Invasion gegeben.« (Infusion)

»Lasst uns miteinander das ökonomische Glaubensbekenntnis sprechen.« (ökumenische)

____

»Lots Weib erstarrt zur Salzsäure.« (Salzsäule)

____

»Lasst uns nicht wanken, sondern festhalten am Geländer.« (Bekenntnis)

____

»Vor Gott sind alle Menschen bleich.« (gleich)

____

»Wir feiern heute beide Sakramente, nachher das Abendmahl, zuerst den Auftakt.« (Taufakt)

____

»Heute wurde die Kirchentagslösung bekannt gegeben.« (Losung)

____

»Der Geist ist willig, aber das Fleisch ist schlaff.« (schwach)

____

»Zum Abschluss des Kirchentages stehen nicht weniger als 60 Abendmahlstische im Stadion rings um die Achterbahn.« (Aschenbahn)

____

»Luther peinigte sich mehr als seine Klosterbrüder, ja, er kastrierte sich.« (kasteite)

____

»Die Regensburger Diözese bietet jetzt eine Fußballfahrt an.« (Fußwallfahrt)

____

»Traurig, aber wahr: Es gibt in Nordamerika kaum noch Indianerpräservative.« (Indianerreservate)

____

»Nicht nur die Kirchen klagen über ihre schwindelnden Mitglieder.« (schwindenden)

____

»Die neueste Welle heißt Sakko-Pop.« (Sakropop)

____

»Bei den jüngsten Unruhen in Belfast konnten zwei Rätselführer verhaftet werden.« (Rädelsführer)

____

»An der öffentlichen Diskussion nimmt auch ein Leihbischof teil« (Weihbischof)

____

»Der bayerische Ministerpräsident befürwortet eine längere Lebenszeit.« (Lebens-arbeitszeit)

____

»Der holländische Würdenträger ist in Uganda gefallen, ich berichtige: in Ungnade.«

____

»Österreich produziert einen erheblichen Anteil der europäischen Konsensmilch.« (Kondensmilch)

____

»Gestern sind wieder zwei Menschen bei Banküberfällen ertrunken.« (Badeunfällen)

____

»Nach Einschätzung des Unterhändlers scheint ein Waffelstillstand in Sicht.« (Waffenstillstand)

____

»Die Franzosen ernteten das Greenpeace-Schiff.« (enterten)

____

»Unklar ist, wie viele Libanesen die Hauptstadt Bayreuth verlassen haben.« (Beirut)

»Ab Montag gibt es im Stadtzentrum keine Schonkost für Parksünder mehr.« (Schonfrist)

»Die Sozialdemokraten haben jetzt eine Führungs-Tonika.« (Führungs-Troika)

»In Zukunft sollen bestimmte Klemptomaten straffrei bleiben.« (Kleptomanen)

»Morgen erneut Regel-, Graupen- und Schneeschauer.« (Regen-, Graupel- und Schneeschauer)

»So dürfte es erneut eine reichlich schwule Jülinacht geben.« (schwüle Julinacht)

»Die Vereinsführung hat heute ein Entschuldigungskonzept vorgelegt.« (Entschuldungskonzept)

»Oskar Wark ist unser Reporter im Gelsener Kirchenstadion.« (Gelsenkirchener Stadion)

»Er war eine sportliche Konifere.« (Koryphäe)

»Sie werden ja sehen, was Sie da für eine nette Verschuldung kriegen.« (Nettoverschuldung)

»Warum lehnen Sie bloß ständig die Aufnahme eines Rests von Arbeit ab?« (Rechts auf Arbeit)

»Es fällt doch auf, dass die Neuen Bundesländer kaum befreite Heizbäder haben.« (beheizte Freibäder)

»Das grenzt ja schon an Demogagie.« (Demagogie)

»Endlich hat die FDP das mal mit eigenen Ohren sehen können.« (hören)

»Ich erwarte von allen Liberalen, dass ihnen die Freiburger Tresen bekannt sind.« (Thesen)

»Es fehlt Ihnen schlicht an Analphabetisierung.« (an Alphabetisierung)

»Es wird sich noch zeigen, wer hier seine Nachhut und wer seine Vorhaut braucht.« (Vorhut)

»Ich sage das voller Wermut.« (Wehmut)

»Selbst Rudolf Augstein ist längst eine Figur des Etablissements geworden.« (Establishments)

Hier kommt noch eine Meldung aus dem elsäsch schsch selsch, na also, aus dem elsächsischen, quatsch, ich will sagen, aus Stadtbruch im Elsass, es geht nicht, aber jetzt stimmt wenigstens Elsass, ich meine natürlich Straßburg im ... Teufel, helft mir oder schaltet mich ab.

SCHREIBENDE DEPPEN

Es ist unerträglich, was die Medien tagtäglich für einen Käse zusammenschreiben. Hier ein paar ausgewählt sinnlose, lustige und typische Fehler und Irrtümer aus dem deutschen Blätterwald:

Aus Merkur extra:
»Das Gericht glaubte ihm nicht, dass er seiner Frau ein Leben ohne Schuldenberg ersparen wollte.«

Aus der Rheinpfalz:
»Im Bereich der gesamten Polizeidirektion kommt inzwischen jeder fünfte Unfall wegen eines die Fahrbahn nicht vorschriftsmäßig querenden Rehs oder Wildschweins zustande.«

Bildunterschrift im Wiesbadener Kurier:
»Angela Merkel ist zufrieden: Die Kanzlerin und ihre Partei liegen in den Umfragen deutlich vor der CDU.«

Aus der Bruchsaler Rundschau:
»Nachdem die Kinderplanungen im Gemeinderat von Bruchsal schon einmal grob dargestellt wurden, geht es in der Sitzung am morgigen Dienstag, 31. März, 17 Uhr im Bürgerzentrum neuerlich um die Weiterentwicklung der Bedarfsplanung.«

Aus einem Kammerbeschluss des Bundesverfassungsgerichts:
»Aus dem grundgesetzlichen Schutz von Ehe und Familie folgt kein Recht auf Beendigung der ehelichen Gemeinschaft durch Suizid eines Ehepartners.«

Aus der Frankfurter Allgemeinen Sonntagszeitung über einen Opel-Fahrer:
»Jeden Morgen sahen wir ihn in seinen Opel Admiral einsteigen. Er tat das so, wie man ein Raumschiff besteigt: Strich sei-

nen Anzug und die Krawatte glatt, schwang dann feierlich, im Bewusstsein der Gefahr und der Schönheit seiner Mission, die ihn erwartete, die Fahrertür auf. Als Nächstes schaltete er das Kassettenradio an.«

Aus Psychologie heute:
»Die gute Nachricht: Wer es schafft, nie dick zu werden, hat gute Chancen, für immer schlank zu bleiben.«

Aus einer Pressemitteilung der Stiftung Naturschutz Schleswig-Holstein:
»Stiftung Naturschutz greift Zauneidechsen und Wechselkröten unter die Arme.«

Aus einem Werberundschreiben der Firma Esaote:
»Elastografie – Neues ultraschallgestütztes Verfahren zur schnellen Brustkrebserkrankung. Werden auch Sie Vorreiter!«

Franz Josef Wagner in seiner Bild-Zeitungskolumne:
»Es erstaunt mich überhaupt nicht, dass Schiesser pleitegeht. Die Unterhose des Mannes hat keine gesellschaftliche Bedeutung. Weil es die Mama-Unterhose ist, weil die Unterhose der Bestandteil der Emanzipation ist. Am glücklichsten über die Pleite von Schiesser werden die Frauen sein. Endlich haben sie ihren Mann ohne Unterhose.«

Aus dem Hamburger Abendblatt:
»Der Bahnhof in Buxtehude ist alles andere als ein Aushängeschild und soll nun durch einen runden Tisch attraktiver gemacht werden.«

Aus der Frankfurter Allgemeinen Sonntagszeitung:
»Nun wucherten Anfeindungen und Intrigen wie Fußpilz auf alten Buletten.«

Aus der Bild-Zeitung:
»Die Erde, die sich einen Tick zu langsam dreht, wird mit den Atomuhren in Einklang gebracht.«

Bildunterschrift aus den Ruhr Nachrichten:
»Ohne Taschentuch läuft bei der aktuellen Erkältungswelle so gut wie nichts mehr.«

Aus der Bild-Zeitung zum Tod von Horst Tappert:
»Seine Tränensäcke waren das Auffanglager des menschlichen Leids«.

Aus dem Stadtblatt Bergneustadt:
»In naturbelassenen Textilien ist beispielsweise Schwitzen Schnee von gestern.«

Der Kolumnist Franz Josef Wagner in der Bild-Zeitung:
»Vögeln wie die Ratten ist für mich nicht Liebe. Liebe ist für mich eine Rindsroulade.«

Aus der Chiemgau-Zeitung:
»Philipp Lahm ist gestern 25 Jahre alt geworden. Ein halbes Jahrhundert – aber keine große Sache.«

Aus der Frankfurter Allgemeinen Sonntagszeitung:
»Dort hat bis Juni Hans Horberth gekocht. In sechs Jahren hatte er seinen Stil von einer fast bäuerlich-vitalen Muskel- und Saftküche (unvergessen der Rücken vom Limousin-Lamm im Weißbrotmantel mit Thymian-Couscous) zu einer immer komplexeren und aromatisch dichten, dabei drahtig-leicht wirkenden Art und Weise zu arbeiten entwickelt.«

Aus der Stuttgarter Zeitung:
»Der ICE war mit zehn Minuten Verspätung gegen 14 Uhr auf einen Prellbock geprallt. Verletzt wurde niemand.«

Aus dem Stern:
»Der Preis ist ein echter Knüller. 15.990 Euro. Damit unterbietet das China-Auto Brilliance BS4 in seiner Klasse fast die gesamte deutsche Konkurrenz. Und die heißt Mazda 6, Renault Mégane, Skoda Octavia, Toyota Avensis oder VW Passat.«

Aus der Siegener Zeitung:
»Felix Späth setzte als Startläufer eine Duftmarke, als er nach 3:05 Minuten Laufzeit auf Rang 4 liegend auf Laura Michel wechselte.«

Bildunterschrift aus der Niederelbe-Zeitung:
»Die Wade ist der Blinddarm des Beines. Immer wieder hat Michael Ballack damit Probleme.«

Aus der Wilhelmshavener Zeitung:
»Frontal stießen gestern ... zwei Autos zusammen. Sie kamen aus entgegengesetzten Richtungen.«

Aus der Tageszeitung über Horst Seehofer:
»Bekanntlich wurde dem bereits dreiköpfigen Vater zum Verhängnis, dass er neben seiner Familie im häuslichen Ingolstadt eine schwangere Geliebte in Berlin besaß.«

Aus einem Programmhinweis der TV 14:
»Es starben 57 Bergarbeiter, sechs von ihnen konnten gerettet werden.«

Aus dem Tagesspiegel:
»Als der Club zum Auswärtsspiel nach Frankfurt reiste, war der Rasen bereits derartig kunstvoll zertrampelt, dass selbst der renommierte Eisenfuß Maik Franz anerkennend mit den Schraubstollen schnalzen musste.«

Aus der SoVD Zeitung:
»Die menschliche Netzhaut verfügt über drei Sorten von Farbrezeptoren – für Rot, Grün und Blau, perfekt angepasst an die drei Farbsignale, die ein moderner Fernseher ausstrahlt.«

Ministerpräsident Günther Beckstein in der ADAC Motorwelt:
»Wenn wir keine Freude an der individuellen Freiheit hätten, würden alle unsere Bürger nur mit rumänischen Billigautos herumfahren und nicht mit vernünftigen Autos aus Bayern und Deutschland.«

Aus einem Interview mit Jennifer Aniston im OK!-Magazin:
»Es wäre nicht so schlecht, wenn ein Mann in dem Moment, in dem man zu Hause die Tür aufschließt, schwanzwedelnd auf einen zurennen und einen vor Freude abknutschen würde.«

Aus dem Schwarzwälder Boten:
»Bei Bürgermeister Hermann Acker und dem städtischen Kulturamt rannte sie damit offene Ohren ein.«

Aus dem Reuters Daybook Campaign Diary über den Berlin-Besuch Barack Obamas am 24. Juli:
»Early afternoon: Meets with German Foreign Affairs Minister Franc Walter Stone Meier.«

Aus der Freiburger Kriminalstatistik 2007:
»Auch die Aktivitäten von Bundespolizei und Zoll erhöhen die Kriminalitätsbelastung spürbar.«

Aus der Mainzer Allgemeinen Zeitung unter der Überschrift »Kostenloser Rat vom Fachanwalt«:
»Vor dem Unfall sollte die Haftungsfrage geklärt werden, damit ein Opfer nicht auf den Kosten sitzen bleibt.«

Aus der Welt:
»Der britische Thronfolger Prinz Charles präsentiert sich umweltfreundlich: Wie aus seinem am Montagabend vorgelegten offiziellen Rechnungsbericht hervorgeht, senkte der Prinz im vergangenen Jahr seinen Kohlendioxidausstoß um 18 Prozent.«

Aus der Zeit:
»Der Mann sieht aus wie viele Investmentbanker in dieser Stadt. Nur sein weißblonder Dreitagebart, die Stoppelfrisur und das von Sonnenflecken gesprenkelte Gesicht passen nicht ganz dazu.«

1.-FC-Köln-Trainer Christoph Daum in der Stuttgarter Zeitung:
»Wer davor warnt, den Gegner zu unterschätzen, der hat ihn schon unterschätzt. Davor kann ich nur mit allem Nachdruck warnen.«

Aus dem Delinat-Wein-Katalog 2008:
»Bei aller Opulenz ist der Gesamteindruck enorm klar. Nicht ganz der Muskelprotz wie sein Vorgängerjahrgang turnt auch der 2005er Finca Messor Rad schlagend über den Gaumen. Das Finish lässt sein Potenzial erahnen, er ist aber schon erstaunlich offen für einen Wein seiner Statur.«

Aus dem Tagesspiegel:
»Mit russischen Toiletten-Ersatzteilen an Bord ist die US-Raumfähre ›Discovery‹ zur Internationalen Raumstation ISS gestartet. Dort ist die Toilette kaputt, und die Astronauten können es kaum noch aushalten.«

Aus der Westdeutschen Allgemeinen Zeitung:
»Der New Yorker Bau-Milliardär Donald Trump ist zwar selbst fünffacher Vater von drei Frauen, Kinder behindern seiner Meinung nach allerdings seine Arbeit.«

Aus der Rheinischen Post:
»Auch ohne Spaß Alkohol haben.«

Aus der Wilhelmshavener Zeitung:
»Arbeiterwohlfahrt erhöht Schlagkraft im Pflegedienst.«

Aus der Wasserburger Zeitung:
»Hundekot nicht unter den Tisch kehren.«

Aus den Erlanger Nachrichten:
»Der Schuss in den Ofen ging in die Hose.«

Aus der Schwäbischen Zeitung:
»Silberfarbenes Auto soll sich melden.«

Aus der Celleschen Zeitung:
»Deutsche Eiskunstläufer hinken hinterher.«

Aus einem Schreiben der Deutschen Bahn:
»Es tut uns leid, dass Ihre Bahnreise am 13. Mai störungsfrei verlaufen ist.«

Aus einer T-Com Werbung:
»Komfort- und schnurloses Telefon.«

Aus einer Anzeige im Salzgitter Wochenblatt:
»Eiersalat aus glücklichen Eiern.«

Aus der Frankfurter Neuen Presse:
»Bande betrügte mit Fußballwetten.«

Aus dem TV-Magazin des Stern:
»Caspar David Friedrich starb 1840 im Alter von 65 Jahren in Dresden. Auch seine Bilder sind wenig lebhaft.«

Aus dem Delmenhorster Kreisblatt:
»Seit Jahren nun zieht das Virus mit der Bezeichnung H5N1 über Länder und Kontinente hinweg, globalisierend wirkend und immer mit der Angst im Nacken, zu einem Supervirus zu mutieren und zu einer ernsten Gefahr für den Menschen zu werden.«

Aus dem Hamburger Abendblatt:
»Ein Klon-Skandal jagt den nächsten: Jetzt soll Ian Wilmut – gefeiert als Vater des Klon-Schafes »Dolly« – vor einem Untersuchungsausschuß in Edinburgh zugegeben haben, dass er nicht der Vater des weltberühmten Klon-Schafes sei.«

Aus der Neuen Westfälischen Zeitung:
»Yvette Hoevels bewahrte ihre Mannschaft beinahe im Alleingang vor dem Klassenerhalt.«

Aus Bunte:
»Selbst die olympische Flagge wurde diesmal von einer Frau entzündet, von Italiens Langlauflegende Stefania Belmondo.«

FEUILLETON FÜR NICHT-INTELLEKTUELLE

Das war schon ganz gut. Aber die Könige der Deppen sitzen immer noch in den Feuilletons. Das beste aus den deutschen Kulturteilen:

Kultur & Rezensionen

Aus der FAZ:
»Dieser Schluss legt sowohl die Poetik des Romans offen als auch die soziologische Hypothese, der die Prämisse dieser ingeniösen Fiktion ihre geheime Plausibilität verdankt.«

Aus dem Berchtesgadener Anzeiger:
»Mandl fordert für das Allegretto ein hohes Tempo und schlägt mit vollem Körpereinsatz Funken aus dem Orchester. Die Musiker scheinen sich gegenseitig zu befeuern und nehmen volle Fahrt auf.«

Aus den Kieler Nachrichten:
»Mit einem kleinen Stück aus einer fein verzierten und mit einem hauchig-zarten Rumaroma versehenen, aus duftig-subtiler Instrumentationskunst Ravel'scher Rezeptur gezauberten, sahnigen Buttercremetorte namens Pavane pour une infante défunte begann das 6. Sinfoniekonzert des Schleswig-Holsteinischen Sinfonieorchesters unter seinem Chefdirigenten Mikhel Kütson.«

Aus der Nürnberger Abendzeitung:
»Pepe Romero bestätigte im Adagio von Joaquin Rodrigos Komposition, das sich im Weltkulturerbe der Ohrwürmer an vorderster Front kringelt, die Stabilität seiner handmodelartig perfekt über Saiten schwebenden Klangpoesie.«

Aus der Leipziger Volkszeitung:

»Selbstversunken streicht Hornung durch Stile und Stillen, taucht ein ins Allegro und bohrt sein Vibrato von da aus mitten in den Bauch.«

Aus der Welt:

»Oda Thormeyer geht als Rakel volles Risiko und spielt mit der nervenangreifenden Intensität eines Stückes Kreide, das auf einer feuchten Tafel quietscht.«

Aus der Abendzeitung:

»*Varieté* mit Emil Jannings ist ein Juwel mit ermattenden Stellen, durch Regisseur E. A. Dupont zwar mit cineastischen Vorahnungen reich bestückt, aber von jener umflorten Nahaufnahmen-Tragik, bei der großäugige Dämonie ständig über dicke Lidschatten springt.«

Aus der Allgäuer Zeitung:

»Ein imposantes Konzerterlebnis, das Felix Mendelssohn-Bartholdy sicher gefallen hätte. Doch der Komponist hatte nicht das Glück. Am 4. November 1847 war er im Alter von 38 Jahren gestorben.«

Aus dem Westfalen-Blatt in einer Konzertkritik über den Organisten Matthias Eisenberg:

»Mit überwältigenden Orgelfortissimi schuf er Klanggefilde, die auch den letzten Rest von eingeschränkter Hörgewohnheit überboten.«

Aus der Programmzeitschrift Gong über ein Hörspiel zu Leni Riefenstahl:

»Und Hitler natürlich, immer wieder Hitler, Luftröhrenschnitt durch das Bewusstsein, bewegt sich ihr Schauraum in der Nähe zur Dramaturgie des sexuellen Traumes, der seine Vermeidung träumt als absolutes, zur Ruhe gekommenes Objekt. Ekstase schweigender Oberflächen.«

Aus einer Opernkritik in der Welt:
»Hätte das menschliche Ohr einen G-Punkt, die Stimme von Diana Damrau wäre besser als jeder Vibrator. Wann je hat man Gildas Arie so sinnlich und intensiv als Ton gewordene Lustseufzer eines gänzlich unschuldigen Mädchens gehört?«

Aus der Frankfurter Allgemeinen über die Schauspielerin Constanze Becker:
»Eine Art frustriert vibrierende Jüngere-Schwester-Sexbombe mit stillgelegten Zündern, eine schmollend lasziv sich windende Schlange mit jenem Hang zur emotionalen Unterwältigung, mit der diese Schauspielerin von der Klytämnestra über Mutter John bis zur Mirandolina Frauenrollen auf Eisesflamme kühlbrüht.«

Aus einer Konzertkritik in der Neuen Westfälischen:
»Während manches Klavierduo sich via Konkurrenzdenken Steine in den Weg legt, atmete der vitale, in perfekter rhythmischer Kongruenz und dynamischer Tarierung zelebrierte Vortrag der Schemanns eine liebevolle, geradezu telepathisch anmutende Harmonie, der das Duo dem eigentlich unerreichbaren Ideal des vierhändigen Pianisten spürbar nahebrachte.«

Aus dem »Kölner Stadt-Anzeiger:
»Mit seiner ausgefeilten Pedaltechnik gab er dem Klavierton Größe und Weite; zugleich verhinderte er durch ein geschicktes Auslüften des Klangspeichers jenen fatalen Rückstau, der dieser Musik so oft Licht und Atem raubt.«

Aus der Münsterschen Zeitung:
»Stefan Eickmeyer ist in Münsters Musikszene kein Unbekannter. Vor der Weltmeisterschaft komponierte er einen WM-Song, wurde kurz bekannt durch ein Interview mit dem Magazin ›Stadtgeflüster‹. Seitdem hat man nichts mehr von ihm gehört.«

SPORTLICHE DEPPEN – WENN SPORTLER QUATSCH REDEN

Mario Basler:

»Jede Seite hat zwei Medaillen.«

• • •

Berti Vogts:

»Die Breite an der Spitze ist dichter geworden.«

»Kompliment an meine Mannschaft und meinen Dank an die Mediziner. Sie haben Unmenschliches geleistet.«

• • •

Günther Netzer:

»Man muss feststellen, dass der Spruch auch nicht mehr stimmt, dass der Schütze nicht selber schießen soll. Ich stelle fest, dass der Schütze sehr wohl den Elfmeter selber schießt.«

»Ihre Laufbereitschaft kommt nicht zum Tragen, weil sie nicht wissen, wohin.«

• • •

Bruno Labbadia:

»Das wird alles von den Medien hochsterilisiert.«

• • •

Ingo Anderbrügge:

»Das Tor gehört zu 70 Prozent mir und zu 40 Prozent Wilmots.«

• • •

Thomas Häßler:

»Wir wollten in Bremen keine Gegentore kassieren. Das hat auch bis zum Gegentor ganz gut geklappt.«

• • •

Roland Wohlfahrt:

»Zwei Chancen, ein Tor – das nenne ich hundertprozentige Chancenauswertung.«

• • •

Andreas Möller:

»Mailand oder Madrid – Hauptsache Italien.«

»Mein Problem ist, dass ich immer sehr selbstkritisch bin, auch mir selbst gegenüber.«

• • •

Olaf Thon:

»Ich habe ihn nur ganz leicht retuschiert.«

• • •

Reiner Calmund:

»Jetzt stehen die Chancen 50:50 oder sogar 60:60.«

»Im Fußball ist es wie beim Eiskunstlauf – wer die meisten Tore schießt, gewinnt.«

• • •

Paul Breitner:

»Da kam dann das Elfmeterschießen. Wir hatten alle die Hosen voll, aber bei mir lief's ganz flüssig.«

• • •

Oliver Kahn:

»Die Holländer sind vorne vom Feinsten bestückt.«

»Die Karten sind neu gewürfelt.«

DEUTSCHLAND, DEINE FUSSBALLER – EIN PAAR ZITATE ÜBER UNSERE NATIONALMANNSCHAFT

»Das war ein typisches deutsches Spiel. Die können noch so schlecht spielen, sie gewinnen immer.«

US-Nationalspieler Tony Sanneh

»Ich bewerte die Zukunft des deutschen Fußballs positiv. Weniger Einsatz, weniger Wille, weniger Bereitschaft geht nicht.«

Jens Nowotny

»Die unberechenbare Kampfmaschine ist zu einer weichen und fantasielosen Joghurt-Brigade degeneriert.«

De Volkskrant

»Die Deutschen spielen weder gut noch schlecht. Sie spielen eigentlich etwas anderes als Fußball, aber am Ende gewinnen sie.«

El País

»Wissen Sie, wer mir am meisten leidtat? Der Ball.«

Franz Beckenbauer

»Das Einzige, was sich bewegt hat, war der Wind.«

Wieder Beckenbauer nach der ersten Halbzeit des DFB-Teams gegen Kamerun bei der WM 2002.

»Haben wir eine Stunde Zeit?«

Der niederländische Trainer Leo Beenhakker auf die Frage, wie dem deutschen Fußball zu helfen sei.

»Wenn die Deutschen gut spielen, dann werden sie Weltmeister. Wenn sie schlecht spielen, dann kommen sie ins Finale.«

Michael Platini

»So sind die Deutschen. Sie wischen dich nicht beiseite, aber sie nagen dich zu Tode.«

The Guardian

»Im herzlichen Gedanken an den arroganten, schlichtweg krank machenden deutschen Fußball, der am 1. September 2001 in München verstarb, zutiefst unbetrauert von einer großen Zahl englischer Fans.«

Todesanzeige von The Mirror nach dem 1:5
der Nationalmannschaft gegen England
über den brennenden Torwarthandschuhen
von Oliver Kahn.

»Und an meinen Rollstuhl mache ich keine Deutschlandfahne, weil der Berliner Innensenator gesagt hat, Polizeifahrzeuge sollen keine Fahnen haben. Da ich als Innenminister oberster Dienstherr der Polizei bin, ist mein Rollstuhl auch ein Polizeifahrzeug im erweiterten Sinn.«

Wolfgang Schäuble

QUATSCH IN DER HITZE – DIE BESTEN SOMMERLOCH-GESCHICHTEN

1994: Kaiman »Sammy«

In einem Baggersee in Dormagen entflieht der Kaiman »Sammy« seinem Besitzer und wird verzweifelt gesucht. Sammy nutzte den Ausflug mit seinem Besitzer an einem heißen Sommertag, um auszubüxen. In der Umgebung des Sees machen wilde Gerüchte über das »riesige« Krokodil die Runde. Erst nach einer längeren Suche konnte er wieder eingefangen werden.

1997: Leguan »Zeisig«

Leguan Zeisig brach aus seinem Terrarium aus und spazierte an einem Sommertag durch die Chemnitzer Innenstadt. Mit ihrem Mann und einer Nachbarin fing seine Besitzerin ihren siebenjährigen Schützling wieder ein.

1998: Rotnackenwallaby »Manni«

Das Rotnackenwallaby »Manni« brach aus dem Tierpark Bad Pyrmont aus und wurde an verschiedenen Stellen in Deutschland gesichtet. Das Beuteltier wurde unter anderem auf einem Feld beim Rübenfressen gesehen. Für die Mitarbeiter des Tierparks war es kaum möglich, das Känguru einzufangen. Von Feld zu Feld zu hüpfen hat Manni wohl mehr Spaß gemacht, als im Tierpark zu wohnen. Nach einigen Tagen wurde »Manni« gestellt, ein Betäubungspfeil beendete seinen Ausflug in die Freiheit.

2000: Streit um den Maschendrahtzaun:

In ihrer Sendung begann ein legendärer Streit: Bei einer Sat1-Gerichtsverhandlung von Richterin Barbara Salesch wirft Regine Ziedler ihrem Nachbarn vor, dass sein Knallerbsenstrauch ihren Maschendrahtzaun

(»Maschendroatzaun«) zerstöre. Stefan Raab baute daraus das passende Lied mit Zeilen wie diesen: »Baby, I get around with a sixpack of beer and a Maschendroahtzaun.« Die Single war in diesem Sommer ein Superhit. Für Regine endete es weniger erfolgreich. Sie verkaufte ihr Haus mitsamt Maschendrahtzaun, entnervt von randalierenden Fans.

2001: Rhein-Krokodil

Im Rhein wird 2001 ein Krokodil gesichtet. Am 22. Juni wurde das angeblich 1,50 Meter lange »Rheinkrokodil« zum ersten Mal in der Nähe von Hockenheim gesehen. Danach tauchte es in Speyer und dann in Eltville bei Wiesbaden auf. Trotz intensiver Suche mit vier Booten und einem Hubschrauber der Polizei gelang es jedoch nicht, die Echse dingfest zu machen.

2001: Scharpings Poolfotos

Eigentlich wollte er nur sein Image als verstaubter Politiker ablegen: Bei einem Pressetermin am Pool zeigte Verteidigungsminister Scharping den Fotografen der Klatschpresse, wie gut es ihm mit seiner Partnerin Kristina Gräfin Pilati geht. Doch die Aufnahmen fielen in den Beginn des umstrittenen Mazedonien-Einsatzes der Bundeswehr.

2003: Känguru Windi

Schon wieder ein Känguru: Im September 2003 erkundete »Windi« in Hessen die Landschaft. Er war aus einem Tierpark ausgebrochen und wollte ein wenig die Freiheit genießen. Acht Wochen verbrachte »Windi« in Freiheit. Schließlich wurde er in Florstadt wieder eingefangen.

2003: Pasta nix

Im Sommer 2003 verbrachte Kanzler Schröder seinen Urlaub auf Balkonien. Der Grund: Nach deutschlandfeindlichen Äußerungen des italienischen Tourismus-Staatssekretärs Stefano Stefani sagte er seinen Italien-Urlaub ab. Die Aussage Stefanis hatte selbst Italien-Fan Schröder verstimmt: »Die Deutschen sind einförmige, supernationalistische Blonde, die lärmend über Italien herfallen.«

2006: Braunbär »Bruno«

Bruno, der Bär, sorgte wochenlang für große Aufregung in Deutschland. Der Braunbär wurde einige Wochen lang im Grenzgebiet von Deutschland und Österreich gesichtet. Die Medien tauften ihn Bruno und er gewann Sympathien, da er immer wieder auftauchte, aber unter anderem einem finnischen Bärenjäger-Team mit Hunden mehrfach entkam. Allerdings hinterließ er auch eine Spur der Verwüstung und tötet auf seinen Streifzügen Schafe. Nachdem das Bärenjäger-Team die Suche aufgegeben hatte, wurde er trotz heftiger Diskussion zum Abschuss freigegeben und am 26. Juni erschossen.

DIE SCHÖNSTEN DEUTSCHEN PORNOTITEL

Nicht die ganze Medienwelt ist langweilig und uninspiriert. Oh, nein. Zumindest die deutsche Pornoindustrie hat ein paar sehr ansprechende Titel ersonnen:

Agent 006

Blair Bitch Project

Blowing for Columbine

Bridget Jones – Sperma zum Frühstück

Die Prinzessin auf der Eichel

Die Reise zum G-Punkt der Elke

Drei Schwängel für Charlie

Dressed to fill

Edward mit den Penishänden

Frühfick bei Tiffany

Fuck it like Beckham

Für eine Hand voll Sperma

Vier Fäuste für ein Halleluja

Onan, der Barbar

Pulp Fickschön

Robocock

Schneeflittchen und die sieben geilen Zwerge

Tex Ass Hole 'em

DEPPEN IM TV – DIE DÜMMSTEN ANTWORTEN IN QUIZSHOWS

Wer wird Millionär? (RTL)

Frage: »Wie heißt das erste Buch des Alten Testaments?«

1. Pink Floyd
2. Judas Priest
3. Genesis
4. Moses Pelham

Antwort: »Es heißt ja das Erste Buch Mose - also nehme ich D - Moses Pelham.«

Call TV (RTL 2)

Frage: »Wie heißen die Bewohner aus dem Tubbieland?«

Antwort: »Aus was? Aus dem Trabbiland? Ossis?«

Call TV (RTL 2)

Frage: »Wie heißt das männliche Geschlechtshormon?«

Antwort: »Penis.«

Risiko (ZDF)

Frage: »Wie nannte Muhammad Ali seine Autobiografie?«

Antwort Kandidatin Harris: »Mein Kampf.«

Wer wird Millionär? (RTL)

Frage: »Womit wurden früher Wellen ins Haar gearbeitet?«

1. Kämmerer
2. Brennschere
3. Lokomotive
4. Tränengas

Antwort: »Ich brauch den Joker.«

Big Brother – Das Quiz (RTL 2)

Frage: »Welcher der Bewohner ist Vater von sechs Kindern?«

Antwort des Anrufers: »Steffi.«

Der Schwächste fliegt (RTL)

Frage: »Wie viele Drittel ergeben ein Ganzes?«

Antwort Kandidatin Bärbel: »Vier.«

Der Schwächste fliegt (RTL)

Frage: »Welche menschlichen Extremitäten sind dem Kopf am nächsten?«

Antwort Kandidat Jurgo: »Die Haare.«

Der Schwächste fliegt (RTL)

Frage: »Was stand auf vielen der in den Achtzigerjahren populären Anti-Atomkraft-Buttons?
Atomkraft, nein …?«

Antwort Kandidat Wilfried: »Nein.«

Der Schwächste fliegt (RTL)

Frage: »Welcher Krieg bildet die Kulisse für *Apocalypse Now*?«

Antwort Kandidatin Alisa: »Krieg der Sterne.«

Der Schwächste fliegt (RTL)

Frage: »Welches Kleidungsstück für Frauen wird auch als ›das kleine Schwarze‹ bezeichnet?«

Antwort Kandidatin Britta: »Slip.«

Der Schwächste fliegt (RTL)

Frage: »Wenn die Intelligenz einer Person mit ›Bohnenstroh‹ verglichen wird, ist die Person dann dumm oder klug?«

Antwort Kandidat Alexander: »Klug.«

Wer wird Millionär? (RTL)

Frage: »Durch welches Verfahren schickte man im alten Athen seine Mitbürger in die Verbannung?«

1. Götterspeise
2. Henkersmahlzeit
3. Scherbengericht
4. Grillteller

Antwort Kandidatin Marlene G.: »Ich lasse das Publikum entscheiden.«

Der Schwächste fliegt (RTL)

Frage: »Welcher römische Kriegsgott trägt den gleichen Namen wie ein bekannter Schokoriegel?«

Antwort Kandidat: »Snickers.«

Jeder gegen Jeden (SAT1)

Frage: »Braue, Wimper und Lid schützen welches Sinnesorgan?«

Antwort: »Das Gesicht.«

Jeder gegen Jeden (SAT1)

Frage: »Mit wie vielen ›N‹ wie Nordpol schreibt man das Wort ›Bananenrepublik‹?«

Antwort: »Fünf.«

Jeder gegen Jeden (SAT1)

Frage: »Welchen französischen Namen tragen die knäuelartigen Quasten, die zur Grundausstattung jedes Cheerleaders gehören?«

Antwort: »Tampons.«

Der Schwächste fliegt (RTL)

Frage: »Welche Fußball-Liga wurde 1963 gegründet?«

Antwort: »1. FC Köln.«

Familienduell (RTL)

Frage: »Nennen Sie ein gelb-schwarzes Insekt.«

Erste Antwort: »Eine Spinne.«
Zweite Antwort: »Eine Giraffe.«

Der Schwächste fliegt (RTL)

Frage: »Welche Deutsche gewann bei den Olympischen Spielen 1976 in Innsbruck den Slalom und den Abfahrtslauf der Damen?«

Antwort Kandidatin Janita: »Katja Riemann.«

Der Schwächste fliegt (RTL)

Frage: »Was verbirgt sich hinter dem Kürzel IQ?«

Antwort Kandidat Ralf: »Wissenheit.«

Der Schwächste fliegt (RTL)

Frage: »Wie wird der Bitterlikör genannt, der auch den Nachnamen eines italienischen Sängers trägt?«

Antwort Kandidat Horst: »Amaretto.«

Der Schwächste fliegt (RTL)

Frage: »Wie heißen die kurzen Haare an den Außenkanten der Augenlider?«

Antwort: »Koteletten.«

Der Schwächste fliegt (RTL)

Frage: »Wen spielt John Malkovich in dem Film *Being John Malkovich*?«

Antwort Kandidatin Claudia: »Tom Hanks.«

Polizei ratlos – Mordopfer verließ den Tatort

Der Schwächste fliegt (RTL)

Frage: »Welches Bauwerk war das Symbol der Brüsseler Weltausstellung von 1958?«

Antwort: »Männeken Piss.«

Glücksrad (KABEL 1)

Kandidat Wolf-Dieter »Ich kaufe ein ›P‹ – wie ›Perta‹.«

Glücksrad (KABEL 1)

Anzeige: Der _we_k he_l_gt d_e M_ttel

Kandidatin Heike: »Ich möchte gerne das ›I‹ kaufen.«

Anzeige: Der _we_k heiligt die Mittel

Kandidatin Heike dreht noch einmal

Moderator: »Wir drehen noch einmal – aus Verzweiflung.«

Kandidatin Heike: »Ich kaufe das ›C‹ wie Caesar.«

Anzeige: Der _weck heiligt die Mittel

Kandidatin Heike: »Dann möchte ich bitte lösen: ›Der Weck heiligt die Mittel.‹«

Wer wird Millionär? (RTL)

Frage: »Zum geflügelten Wort wurde die Frage: Warum ist die ...«

1. Blondine dumm?
2. Forelle stumm?
3. Banane krumm?
4. Show schon rum?

Antwort: »Ähm, ich befrage das Publikum ...«

Familienduell (RTL)

Frage: »Nennen Sie eine beliebte Western-Serie.«

Antwort: »Rauchende ... äh ... Unsere ... äh ... Unsere rauchende Farm.«

Dalli Dalli (ZDF)

Frage: »Aus welchem Märchen stammen die Zeilen: ›Was rumpelt und pumpelt in meinem Bauch‹?«

Antwort: »Rumpelstilzchen!«

Familienduell (RTL)

Frage: »Nennen Sie einen Schweizer Kanton!«

Antwort: »Ich weiß zwar nicht, was es ist, aber ich sag jetzt mal: Polizist.«

Familienduell (RTL)

Frage: »Nennen Sie eine Automarke, die nach einem Tier benannt ist!«

Antwort: »Toyota.«

Familienduell (RTL)

Frage: »Nennen Sie etwas, das man schlägt!«

Antwort: »Kind.«

Familienduell (RTL)

Frage: »Nennen Sie einen Monat mit vier Buchstaben!«

Antwort: »Mai!«

Familienduell (RTL)

Frage: »Nennen Sie einen Bundesstaat der USA!«

Antwort 1: »Miami.«
Antwort 2: »Los Angeles.«
Antwort 3: »Kanada.«
Antwort 4: »Mexiko.«

Familienduell (RTL)

Frage: »Nennen Sie eine Person aus der Lindenstraße.«

Antwort: »Kermit!«

Wer wird Millionär? (RTL)

Frage: »Wie heißt George W. Bush mit Vornamen?«

1. Peter
2. Edmund
3. Torben
4. George

Kandidatin: »Ich nehme den 50/50-Joker.«

Frage: Wie heißt George W. Bush mit Vornamen?

1. B: Edmund
2. D: George

Kandidatin: »Ich befrage das Publikum.«

Publikum: 42 Prozent Edmund / 55 Prozent George

Kandidatin: »Edmund.«

Familienduell (RTL)

Frage: »Nennen Sie ein Tier, das mit »Z« beginnt.«

Antwort: »Zottelbär!«

WENN DER WETTKÖNIG EIN DEPP IST …

Diese Wetten wurden bei »Wetten dass …« abgelehnt

Ich wette, dass ich einen Luftballon mit meinem Hintern so aufblasen kann, dass er in die Lüfte steigt.

• • •

Ich wette, dass ich 6 von 20 Zigarettenmarken durch Knutschen mit der betreffenden Raucherin erkenne.

• • •

Ich wette, dass ich mir ohne Blut zu verlieren einen großen Schinkenhaken durch die Nase ziehen kann.

• • •

Ich wette, dass ich am Gesicht eines Toten erkennen kann, woran er gestorben ist.

• • •

Ich wette, dass ich mit einem Gabelstapler eine Zahnfüllung einsetzen kann.

• • •

Ich wette, dass ich während der nächsten Sendung zum Bundeskanzlerkandidaten vorgeschlagen werde.

Wir wetten, dass wir innerhalb von zwei Stunden mit 24 Spitzhacken unser Schulgebäude einreißen können.

• • •

Ich wette, dass ich mit meinem Motorrad zwischen den Schienen schneller fahre als ein Eilzug.

• • •

Ich wette, dass ich eine vier Kilogramm schwere Einkaufstüte mit meinem Penis tragen kann.

• • •

Ich wette, dass mein Partner mit einem zehn Kilo schweren Vorschlaghammer, ohne dass ich verletzt werde, zehn Dachpfannen auf meinem Kopf zerschlagen kann.

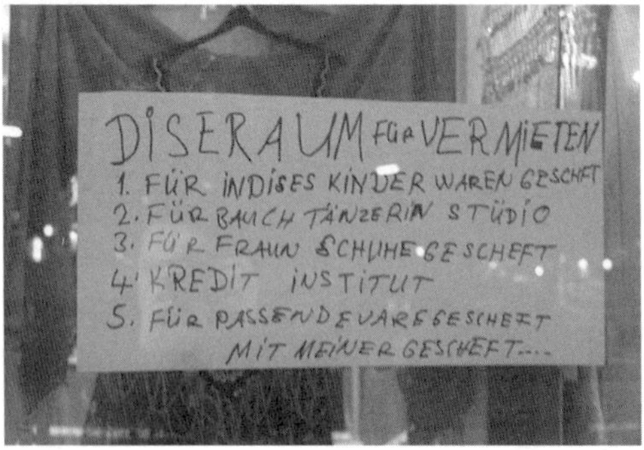

Deppen unter sich

WENN DEPPEN AN DIE VERSICHERUNG SCHREIBEN – DIE DÜMMSTEN SCHADENSMELDUNGEN

»Der Versicherungsnehmer verletzte die Vorfahrt und kurz darauf den von rechts kommenden Radfahrer …«

»Ich kann mich an nichts mehr erinnern, etwa ab 18 Uhr.«

»Die Unfallzeugen sind der Schadensmeldung beigeheftet.«

»Wie kann ich meine Frau absetzen?«

»Dann kam es zu einer heftigen Schlägerei zwischen dem Passat und dem BMW.«

»Ich leide an gehäuftem Erbrechen mit Blutdruckabfall.«

»Der geschleuderte Briefbeschwerer traf mich am Kopf. Die Wunde hat mir die Werfende, meine Frau, gleich behandelt. Sonst ist kein Schaden entstanden.«

»Frau F., die in meiner Firma arbeitet, ging vom Lager ins Büro. Unser Hund hat sich wohl erschreckt und Frau F. gezwickt. Nach zwei Tagen bat ich sie, mir die Stelle zu zeigen. Daraufhin: Kittel, Rock und Unterrock hoch, Hüfthalter runter, Schlüpfer gelüpft und unter all diesen Sachen war eine ganz kleine Druckstelle zu sehen. Alle meine Angestellten haben davon Kenntnis genommen.«

Ich habe so viele Formulare ausfüllen müssen, dass es mir bald lieber wäre, mein geliebter Mann wäre überhaupt nicht gestorben.«

»Ich sah sein trauriges Gesicht langsam vorüberschweben. Dann schlug der Herr auf dem Dach meines Wagens auf.«

»Ein unsichtbares Fahrzeug kam aus dem Nichts, stieß mit mir zusammen und verschwand dann spurlos.«

»Mein Auto fuhr einfach geradeaus, was in einer Kurve im Allgemeinen zum Verlassen der Straße führt.«

»Ein Fußgänger rannte in mich und verschwand wortlos unter meinem Auto.«

»Dr. Müller hat mir neue Zähne eingesetzt, die zu meiner Zufriedenheit ausgefallen sind.«

»Am 24. Januar hatte mein Mann einen Unfall. Er verlor ein Glied.«

»Ich teile Ihnen mit, dass die Zusendung der Arzt-Rechnungen meinerseits noch einige Wochen dauern wird, da ich sie im Moment noch nicht alle beisammen habe.«

»Ich musste schneller fahren, um durch den Luftzug die Biene aus dem Auto zu kriegen!«

»Ich gab Benedikt S. zwei Schläge, und die Freunde haben auch ein paar dazugegeben. Der Kläger aber legte sich auf den Boden. Meiner Meinung nach täuschte er vor, dass er verprügelt wurde.«

»Der Geschädigte hat es sicherlich nicht nötig, sich wegen 125 Euro die Hände in Unwahrheiten zu reinigen.«

»Am 5. Oktober, gegen 20.00 Uhr, befand ich mich in der Wohnung der Familie E. zu Besuch. Während dieses Besuches zeigte mir Frau F. ihr Schlafzimmer. Als ich das Schlafzimmer betrat, stolperte ich und fiel in das Ehebett der Familie. Hierbei brach das Bett, ein französisches Bett, zusammen.«

»Die Aufsichtspflicht bei meiner kleinen Tochter habe ich nicht verletzt. Nur als sie dem Pudel von der Familie F. einen Tritt versetzte, habe ich gerade weggeschaut.«

»Mein Fritz hat überhaupt nichts gemacht. Er ist nur an der vollgepackten Frau S. vorbeigerannt, die dann durch den Luftzug umgefallen ist.«

»Ich habe eine großköpfige Familie – nämlich sieben Kinder, wo noch alle minderwertig sind.«

»Vom Fahrer des Wagens ist nur sein männliches Geschlecht bekannt.«

»In hohem Tempo näherte sich mir die Telegrafenstange. Ich schlug einen Zickzack-Kurs ein, aber dennoch traf die Telegrafenstange mich am Kühler.«

»Durch den plötzlichen Zusammenstoß der Fahrzeuge erhielt ich einen derartigen Schrecken, dass sich der Inhalt meines Darms ruckartig in meine Hose entlud. Ich bitte um Übernahme der Reinigungskosten.«

»Hiermit möchte ich mir gestatten, Ihnen meinen Sohn als Unfall zu melden.«

»Beim Training auf dem Sportplatz rutschte ich aus und schlug mir den rechten Zeigefinger heftig an den Torpfosten, dass dieser sogleich anschwoll.«

»Meine Frau hatte noch nie einen Unfall, weil sie immer sehr aufpasst im Verkehr.«

»In obiger Unfallsache darf ich Ihnen mitteilen, dass sich mein Mandant erledigt hat.«

»Vor dem Überqueren der Fahrbahn schaute ich nach links und gleichzeitig nach rechts.«

»Anbei schicke ich Ihren Scheck wieder zurück, weil er mir zu gering ist. Bitte setzen Sie eine Null hinter die Zahl. Dann werde ich ihn einlösen.«

»Bitte heben Sie den Haftpflicht-Vertrag unseres Hundes auf, indem dieser verstorben ist. Die Trauerfeier für die Einäscherung hat in aller Stille stattgefunden. Von Beileidsbesuchen bitten wir abzusehen.«

»Mein Sohn Hans befand sich bei beginnender Dämmerung mit seinen Freunden auf einem Spielplatz. Plötzlich entdeckte er einen runden, dunklen Gegenstand. In der irrigen Annahme, es sei ein kleiner Gummiball, den ein Kind vergessen hatte, nahm er einen Anlauf und wollte den Ball mit kräftigem Schlag seinen Freunden zuspielen. Der Irrtum stellte sich unverzüglich heraus: es handelte sich um eine Eisenkugel zum Kugelstoßen.«

»Als Witwe ist es mir nicht möglich, den Lebensversicherungsbeitrag meines verstorbenen Mannes aufzubringen.«

»Beim Kaffeemahlen sprang der Deckel von der Maschine ab. Dabei geriet meine Frau in das Mahlwerk.«

»Wenn Sie glauben, einen Doofen vor sich zu haben, dann sind Sie an den Richtigen gekommen.«

»Durch das Unwetter wurde der kleine Turm auf meinem Landhaus seiner Dachhaut entkleidet. Dies war der erste Dachschaden, den ich hatte.«

»... da ich im Rahmen meiner Unfallversicherung ein Krankenhaustagegeld abgeschlossen habe, frage ich an, ob diese Versicherung auch für eine Entbindung zutrifft.«

»Ich bin unglücklich auf dem Klosettdeckel gesessen. Dadurch zerbrach er.«

»Denjenigen, den ich als Unfallzeugen angegeben habe, nehme ich hiermit zurück.«

»Den Eingang Ihres Schreibens konnte ich trotz Nachforschung nicht feststellen. Deshalb kann ich auch erst heute dazu Stellung nehmen.«

»Sollte eine persönliche Rücksprache notwendig werden, werde ich mich gerne für Sie freimachen.«

»Ich wollte Fenster putzen. Damit ich von außen an das Fenster herankommen konnte, legte ich ein Bügelbrett auf die Fensterbank. Mein Mann, der schwerer ist als ich, setzte sich von innen auf das Bügelbrett, und ich putzte auf dem Brett stehend das Fenster von außen. Plötzlich klingelte es an der Haustür. Als mein Mann unten öffnete, fand er mich vor dem Eingang liegend. Wir wissen bis heute nicht, wer geklingelt hat.«

WIE DEPPEN FLIRTEN – DIE DÜMMSTEN ANMACHSPRÜCHE

Er: »Meine Uhr kann hellsehen.«
Sie: »Echt?«
Er: »Sie sagt du hast keinen Slip an!«
Sie: »Stimmt aber nicht.«
Er: »Oh, dann muss meine Uhr wohl zwei Stunden vorgehen.«

»Du wirst von Tag zu Tag hübscher und siehst heute schon aus wie nächste Woche.«

Er: »Kennst du den Unterschied zwischen einem Gespräch und Sex?«
Sie: »Nein.«
Er: »Lass uns zu mir gehen und uns ein wenig unterhalten.«

Er: »Ich bin ein wirklich guter Koch.«
Sie: »Was kannst du denn am besten kochen?«
Er: »Frühstück im Bett.«

»Wenn du eine Rose in der Wüste wärst, würde ich vor dir niederknien und weinen, damit du nicht verdurstest.«

»Hallo, ich bin Schriftsteller und schreibe ein Telefonbuch ... nur deine Nummer fehlt mir noch.«

»Ich würde gerne der Grund für deine heutige schlaflose Nacht sein.«

»Glaubst du an Liebe auf den ersten Blick – oder soll ich noch mal reinkommen?«

»Darf ich dir zwei Fragen stellen?
1. Was sind deine Lieblingsblumen und
2. An welche Adresse soll ich sie schicken?«

»Deine Augen verraten mir alles. Nur deinen Namen verraten sie mir nicht.«

Mann zerstößt ein Stück Eis an der Bar und sagt: »Jetzt, nachdem das Eis gebrochen ist, können wir uns doch auch über Intimeres unterhalten, oder?«

»Wenn ich dich jetzt um Sex bitten würde – wäre deine Antwort die gleiche, die du auf diese Frage gibst?«

»Ich habe meine Telefonnummer verlegt. Könnte ich mir deine leihen?«

Wenn sie geht:
Er: »Hast du nicht etwas vergessen?«
Sie: »Was?«
Er: »Mich!«

Er: »Du siehst meiner vierten Freundin ähnlich.«
Sie: »Oh, wie viele Freundinnen hattest du denn schon?«
Er: »Drei.«

»Ich bin so schlecht im Bett, das musst du erlebt haben.«

Er: »Lass uns zu mir gehen und dann hemmungslosen Sex haben. Danach koche ich dir Spaghetti.«

Sie: »Was? Spinnst du?«

Er: »Magst du keine Spaghetti?«

Er: »Stört es dich, wenn ich rauche?«

Sie: »Mich stört es nicht mal, wenn du brennst!«

»Ich bin kein Mann für eine Nacht.
So viel Zeit habe ich nicht.«

»Mein Name ist Oliver, merke ihn dir gut, denn du wirst ihn die ganze Nacht schreien ...«

Er: »Hast du schon mal einen Hasen zwischen die Ohren geküsst?«

Sie: »Nein!«

Er stülpt die Hosentaschen nach außen und sagt:
»Jetzt hättest du die Gelegenheit dazu.«

»Darf ich dir einen Zaubertrick zeigen? Ich fick dich und du verschwindest.«

»Ich trink Ouzo, was machst du so?«

WENN SICH DEPPEN VERHASPELN – VERWECHSELTE SPRICHWÖRTER

Der frühe Wurm fängt den Haken.

Ich kann euch doch nicht alle nass aussehen lassen.

Wir sollten noch Getränke besorgen, damit wir nicht im Trockenen sitzen.

Wir wollen ja nicht den Teufel an die Wand werfen.

Wir müssen die Kuh aus dem Feuer holen.

In der Kraft liegt die Ruhe.

Die Würfel werden neu gemischt.

Nun aber mal Fische bei die Köppe.

Dein Ohr in Gottes Hand.

Marionettenwohnung

investigieren

Vom Hütchen aufs Stöckchen kommen …

Schwamm beiseite!

Ich komme da auf keinen grünen Nenner.

Da musst du noch mal ein Auge drüberwerfen.

Das kann man doch nicht alles über einen Hut scheren.

Ich habe letzte Wochen mal wieder alle zehn gerade sein lassen.

Der Zeitpunkt war einfach reif …

WENN SICH DEPPEN IRREN – POPULÄRE IRRTÜMER

Adolf Hitler ließ die ersten deutschen Autobahnen bauen.
Die erste deutsche Autobahn führte von Köln nach Bonn und wurde am 6. August 1932 (also noch vor Hitlers Machtergreifung) für den Verkehr freigegeben. Da Konrad Adenauer als damaliger Oberbürgermeister von Köln an diesem Projekt mitwirkte, könnte man ihn noch eher als Autobahn-Pionier bezeichnen als Adolf Hitler.

An der Berliner Mauer gab es Minen und Selbstschussanlagen.
An der Berliner Mauer gab es Kontaktzaun, Signalanlagen, Hundekorridore und Grenzsoldaten mit Schießbefehl. Aber keine Selbstschussanlagen. Der Grund war wohl, dass der Mauerstreifen von Westberlin aus gut einsehbar war und so Bilder von zerfetzten Menschen an die Weltöffentlichkeit hätten gelangen können.

Arier sind blond und blauäugig.
Die Nazis haben immer wieder über eine nordische Herrenrasse schwadroniert. Arier, so denkt man, müssten etwas mit Germanen zu tun haben: blond und hellhäutig. Aber Arier sind eine Untergruppe der indoeuropäischen Sprachfamilie, dazu gehörten etwa die iranischen und einige indische Sprachen. Die Einzigen, die in Deutschland eine arische Sprache sprachen, waren ausgerechnet die verfolgten Roma.

Unter den Nazis wurden Befehlsverweigerer getötet.
Es gibt keinen dokumentierten Fall, bei dem Soldaten, die sich geweigert haben, an einer Hinrichtung mitzuwirken, mit dem Tod bestraft worden wären. Todesdrohungen und Schikane hat es jedoch gegeben.

Deutscher Regierungssitz ist Berlin.
Offizieller Regierungssitz sind immer noch Bonn und Berlin gemeinsam. Diverse Ministerien wie Verteidigung, Landwirtschaft und Entwicklung haben ihren Hauptsitz immer noch in Bonn.

Willy Brandt hieß immer Willy Brandt.
SPD-Politiker Willy Brandt hieß ursprünglich Herbert Frahm. Seinen neuen Namen legte er sich 1934 im Exil in Norwegen zu, 1947 übernahm er ihn auch offiziell.

Einstein war ein schlechter Schüler.
Vor allem seine Leistungen in den mathematisch-naturwissenschaftlichen Fächern waren außergewöhnlich gut, was in ihm schon früh den Entschluss weckte, Hochschullehrer zu werden.

Made in Germany war schon immer ein Qualitätssiegel.
Made in Germany war ursprünglich eine diskriminierende Kennzeichnung. Es entstand Ende des 19. Jahrhunderts in Großbritannien, als man sich dort mit der Kennzeichnung gegen minderwertige Nachahmungsprodukte aus Deutschland zu schützen versuchte.

Angela Merkel wurde in der DDR geboren.
Angela Merkel wurde als Tochter eines evangelischen Pfarrers am 17. Juli 1954 in Hamburg geboren. Erst nach ihrer Geburt zog die Familie in die DDR, da der Vater Pfarrer in Quitzow bei Perleberg wurde und in der schwach religiös ausgeprägten DDR den Bürgern den Glauben näherbringen wollte.

Die Unvollendete war Franz Schuberts letzte Sinfonie.
Franz Schuberts Sinfonie in h-Moll trägt zu Recht den Namen »Die Unvollendete«, denn von ihr existieren nur zwei vollständige Sätze sowie die ersten 20 Takte eines dritten. Doch der bereits im Alter von 31 Jahren gestorbene Komponist ist nicht durch den Tod an der Fertigstellung des unvollendeten Meisterwerks gehindert worden. Er komponierte seine h-Moll-Sinfonie nämlich bereits 1822, also sechs Jahre vor seinem Tod.

UNSER MILITÄR –
EINE LANGE GESCHICHTE DER VOLLDEPPEN

Wir haben zwei Weltkriege verloren. Mehr muss man eigentlich nicht sagen. Aber stellvertretend für die großartigen deutschen Militärleistungen hier die Historie der deutschen U-Boot-Klasse K, die im Ersten Weltkrieg gegen England eingesetzt wurde:

K1: kollidierte mit K4 und sank vor der dänischen Küste

K2: ist auf der ersten Testfahrt komplett ausgebrannt

K3: wurde von K6 gerammt und versenkt

K4: siehe K1

K5: im Golf von Biskaya gesunken – ohne Fremdeinwirkung

K6: siehe K4

K13: kenterte bei Seetüchtigkeitstests und wird in K22 umbenannt

K14: kollidierte mit K22

K15: sinkt noch vor der ersten Fahrt im Hafen von Portsmouth

K18–21: wurden nie fertiggestellt

K22: rammte den Kreuzer HMS Inflexible und war danach unbrauchbar

WENN DEPPEN LOTTO SPIELEN

Hier die sieben am häufigsten gespielten Lotto-Reihen. Sie garantieren vor allem eins: geringe Gewinne.

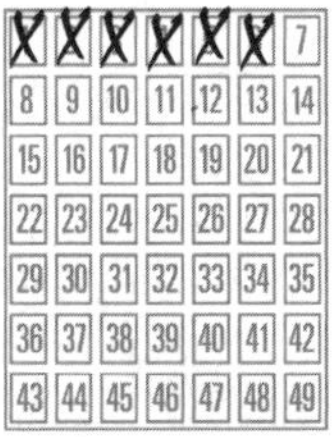

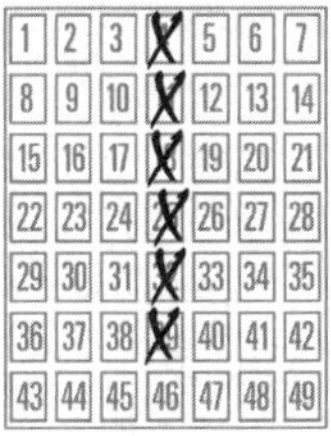

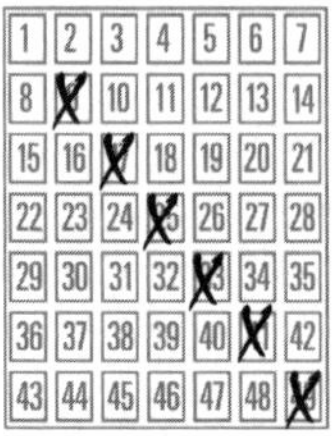

Die dümmsten Lotto-Strategien

geometrische Muster
arithmetische Muster
Zahlen, die schon mal gezogen wurden
die häufigsten Gewinnzahlen
die seltensten Gewinnzahlen
die Zahlen, die am längsten nicht gezogen worden sind
Kombinationen nur mit Zahlen unter 32 (weil alle Deppen ihre Geburtstagszahlen ankreuzen)

SCHLIMME ÄRZTLICHE KUNSTFEHLER – WENN DER ARZT EIN DEPP IST

Ein Mädchen wird nach einem Unfall in ein Karlsruher Krankenhaus gebracht. Der Arzt öffnet die Bauchhöhle, entdeckt Verletzungen an der linken Niere und entfernt diese. Dabei übersieht er, dass das Mädchen mit nur einer Niere geboren wurde.

• • •

Ein Wirt aus Göttingen klagt jahrelang über große Schmerzen. Erst nach acht Jahren entdecken die Ärzte, dass sie bei einer Magenoperation einen 15 Zentimeter langen Schlauch in seinem Bauch vergessen hatten.

• • •

Einer Frau wird in einer Nürnberger Klinik die Gallenblase entfernt. 13 Jahre später entdeckt ein Arzt auf einem Röntgenbild eine vergessene Schere im Bauch der Frau. Sie erhält 50.000 Euro Entschädigung.

• • •

Ein Mann geht wegen Nasenblutens in eine Klinik in Hannover. Anschließend leidet er zwei Jahre lang unter Atembeschwerden. Erst dann finden die Ärzte den Beatmungsschlauch, den sie seinerzeit in seiner Nase vergessen hatten.

• • •

Eine 32-jährige Frau aus Hannover lässt sich wegen eines Miniskusschadens am linken Knie operieren. Als sie aus der Narkose aufwacht, ist ihr rechtes Knie bandagiert.

• • •

Fünf Wochen nach seiner Darm-Operation scheidet der Patient einer Münchner Klinik zwei meterlange Mullbinden aus. Die Röntgenaufnahmen zeigen, dass noch deutlich mehr Material in seinem Bauch vergessen worden war.

• • •

In Braunschweig werden zwei namensgleiche Patienten verwechselt. Ein fünfjähriger Junge, der wegen einer Vorhautverengung eingeliefert wurde, wird einer Nabelbruch-OP unterzogen. Sein Namensvetter mit dem Nabelbruch wird an der Vorhaut operiert.

• • •

In einer Nürnberger Klinik werden die Infusionslösungen von zwei Männern verwechselt. Beide sterben.

WENN SCHÜLER BLÖDSINN SCHREIBEN – AUS DEUTSCHEN AUFSÄTZEN

»Die Fische legen Leichen ab, um sich zu vermehren.«

»Es war eine machtvolle Demonstration. Der Marktplatz war voller Menschen. In den Nebenstraßen pflanzten sich Männer und Frauen fort.«

»Butter wird aus Kühen gemacht, sonst heißt es Margarine.«

»Die Alm liegt hoch im Gebirge. Dort sind der Senner und die Sennerin. Im Frühjahr wird aufgetrieben und im Herbst abgetrieben.«

»Einen richtigen Osterhasen gibt es gar nicht. Bei uns versteckt mein Vater immer seine Eier. Das habe ich selbst gesehen.«

»Der Mensch hat an seinem Körper mehrere Öffnungen, aber nur mit einer kann er reden.«

»Die meisten Menschen sprechen durch den Mund. Nur vornehme Leute sprechen durch die Nase.«

»Die Erde dreht sich 365 Tage lang jedes Jahr. Alle vier Jahre braucht sie dazu einen Tag länger, und das ausgerechnet im Februar. Warum, weiß ich auch nicht. Vielleicht, weil es im Februar immer so kalt ist und es deswegen ein bisschen schwerer geht.«

»Das Trojanische Pferd war nur außen ein Pferd. Innen war es ein Wohnmobil.«

»Der Fahrer des Unglücksbusses schwebte im Krankenhaus noch zwei Tage um sein Leben.«

»Zu dem Klassenfest kamen auch viele Elternteile.«

»Unsere Lehrerin konnte so spannend erzählen, dass wir mit den Ohren an ihren Lippen hängten.«

»Männlich wird man nur, wenn ein Chromosom fehlt.«

»Bevor wir die Hütte verließen, verriegelten wir die Fenster und die Tür.«

(Poesie-Album) »Ich bin der allmächtige Gott, wandle vor mir und sei fromm. Dein Freund Hannes.«

»Mein Vater sah meine Mutter in vorwurfsvollem Ton an.«

»Wenn man von einer Lawine verschüttet wird, muss man nur den nächsten Lawinenhund anrufen.«

»Nach dem Unfall hat man meinem Vater das Gehirn geröntgt, aber nichts gefunden.«

»Der kalte Angstschweiß lief ihm innerlich den Rücken runter.«

»Je schneller das Auto fährt, desto größer ist seine Geschwindigkeit.«

»Es kann immer nur einer gleichzeitig reden.«

»Es steht fest, dass Raucher doppelt so häufig sterben wie Nichtraucher.«

»Der Äquator ist der längste Strich.«

»In der südafrikanischen Union fallen auf einen Einwohner 29 Autos.«

»In der großen Vorhalle des Züricher Bahnhofs kann jeder sein Geschäft machen.«

»Hingabe bedeutet, dass die Frau für den Mann immer geöffnet ist.«

»Der heilige Aloisius gelobte Jungfräulichkeit.«

»Goethe war nicht einmal Christ, sondern Protestant.«

»Ohne etwas zu essen, schickte mich meine Mutter zur Strafe ins Bett.«

»Die erste lange Dienstreise meines Vaters war sehr fruchtbar.«

»Bei der anschließenden heißen Diskussion befruchteten wir uns gegenseitig.«

»Meine Schwester überkam ein heftiges Mitgefühl.«

»Die beste Arbeit hat wieder keiner geschrieben.«

»Bei der Arbeit hatte ich mir alle bedenkliche Mühe gegeben, und trotzdem ...«

»David (von Michelangelo) ist nach der Proportionsregel gehauen worden.«

»Die Kleidermotte ernährt sich von nichts, sie frisst nur Löcher.«

»Da packte Iphigenie den König an seiner empfindlichsten Stelle.«

»Kafka ist aus einer Beamtenfamilie entsprungen.«

»Der dialektische Aufsatz besteht aus These, Prothese und Synthese.«

»In der Weimarer Zeit half Charlotte von Stein Goethe, vom Jüngling zum Manne zu reifen.«

»Wir rasteten uns aus.«

»Jedes Mal, wenn ich an einem Sportgeschäft vorbeigehe und die Adidas-Schuhe sehe, fällt mir ein Seufzer von meinen Lippen.«

»Herr Schmidt und seine Familie sind eingefleischte Vegetarier.«

»An diesem Strand gab es viel zu wenig weibliche Umkleidekabinen.«

»Schon zu seinen Lebzeiten war Johann Sebastian Bach ein Genie.«

»Nach seinem Einsatz über Hiroshima landete der Pilot der Maschine im Irrenhaus.«

»1988 waren es 16.000 Tote, die bei Unfällen starben.«

»Und wie erwartet, entstand bei diesem Versuch ein lustleerer Raum.«

»Wenn mit mehreren Nullen gerechnet wird, ist Mathe besonders schwierig.«

»Die Tangente ist ein Punkt, der durch die Gerade eines Kreises geht.«

»Der König, der darauf folgte, war auch so ein Louis.«

»Karl der Große bestieg die deutsche Kaiserkrone im Jahre 800.«

»Am liebsten würde ich die Laufbahn der Architektur einschlagen.«

Computer & Spam

DEPPEN AN DER HOTLINE

Es ist nicht einfach, bei einer Hotline die Nerven zu behalten. Denn manchmal kommen Anrufe tief aus dem Herzen von Deppen-Deutschland:

Helpdesk: »Klicken sie bitte mal auf ›Mein Computer‹ links auf Ihrem Bildschirm.«

Anrufer: »Links von Ihnen oder von mir aus?«

Anrufer: »Ich kann nicht in roter Schrift drucken.«

Helpdesk: »Haben Sie einen Farbdrucker?«

Anrufer »Ach so. Nein. Mist. Danke.«

Helpdesk: »Was steht jetzt auf ihrem Bildschirm?«

Anruferin: »Ein kleiner Teddy, den mir mein Freund geschenkt hat. Sonst nichts.«

Anrufer: »Ich komme nicht ins Internet.«

Helpdesk: »Sind Sie sicher, dass Sie das richtige Passwort verwenden?«

Anrufer: »Selbstverständlich, ich habe es bei meinen Kollegen gesehen und die verwenden dasselbe.«

Helpdesk: »Wie lautet es?«

Anrufer: »Sechs Sterne.«

DIE BESTEN SPAM-MAILS

Mein Opa hat immer gesagt: »Jeden Tag wird ein Volldepp geboren.« Da finden sich immer wieder Deppen, die Viagra bestellen oder Tausende Euro an Nigerianer überweisen, in der Hoffnung, die bräuchten tatsächlich ein deutsches Konto, um ein paar Millionen Euro zu parken. Spam-Mails sind immer auch ein Spiegelbild von Deppen-Deutschland. Hier ein paar typische Varianten:

Arbeit sucht Deppen

Sie moechten Ihre Freizeit fuer Ihre Finanzkraft verbringen? Sie besitzen viel Zeit? Bitte bei uns an elfingoIbossmail.ru kurz melden, die Informationen kommen in kuerze.

Geld sucht Deppen

GESCHAEFTSVORSCHLAG,

Zuerst muß ich um Ihre Diskretion bitten, denn diese Angelegenheit ist streng vertraulich. Ich weiss, dass eine Angelegenheit dieses Ausmasses vielen besorgniserregend erscheinen wird, aber ich versichere Ihnen, dass am Ende alles in Ordnung sein wird. Wir haben uns entschieden, Sie auf dem Postweg zu kontaktieren, denn die Sache ist dringlich und wir sind von der Schnelligkeit und Zuverlaessigkeit ueberzeugt. Lassen Sie mich zuerst meine Person vorstellen: Ich bin Herr Dipl. Edward Nathan, ein Direktor bei der Standard Bank South Africa PLC, Johannesburg. Ich kam zu Ihrer Adresse im Zuge meiner privaten Suche nach einer zuverlaessigen und anstaendigen Person, um ein streng vertrauliches Anliegen vorzubringen: die Uebertragung einer grossen Summe Geldes auf ein fremdes Konto.

Der Vorschlag: Ein Auslaender, der verstorbene Ingenieur Andreas Muller , ein Oel-Unternehmer, hatte Vertraege mit der

Bundesregierung von South Africa abgeschlossen. Er war bis zu seinem Tode durch einen schrecklichen Flugzeugabsturz vor drei Jahren als Unternehmer fuer beide Regierungen taetig. Herr Andreas Muller war unser Kunde hier bei der Standard Bank PLC., Johannesburg, und hatte ein Kontoguthaben von USD 14.5 Millionen. Die Bank wartet seitdem, dass seine Verwandten auf dieses Geld Anspruch erheben. Da dies bisher nicht geschehen ist, wird die Regierung die ganze Summe in einen African Trust Fond für Waffen- und Munitionsbesorgung leiten, was die Kriegsgefahr in Afrika erhoehen wird. Um diese negative Entwicklung abzuwenden, haben einige meiner vertrauten Kollegen in der Bank und ich beschlossen, das Geld nach Ihrer Zustimmung umzuleiten.

Ursprünglich wollten wir Sie darum bitten, dass Sie sich als ein Verwandter des Verstorbenen Andreas Muller ausgeben, damit das Guthaben in Hoehe von USD 14.5 Millionen ausgezahlt werden kann. Diesen Plan haben wir jedoch verworfen. Wir haben alles vorbereitet, um das Geld als Erlöse aus (privaten) Immobilentransaktionen ausweisen zu können. Wir halten es für sicherer, das Geld in Europa zu investieren. Es wuerde dann auf Ihr Konto ueberwiesen werden, und Sie agieren als unser Geschäftspartner. Die Abwicklung hier in South Africa und alle Nachweise koennen ueber uns erfolgen, sodass das Ganze fuer Sie 100 Prozent risikofrei ist. Da wir immer noch aktiv in der Bank arbeiten, bitten wir Sie, das Geld fuer einen Zeitraum von zwei Jahren komplett in Ihrem Gewahrsam zu belassen. Ueber die anschliessende Aufteilung des Geldes werden wir noch verhandeln. Falls dieser Vorschlag auf Ihr Interesse trifft, wie wir hoffen, dann senden Sie mir bitte moeglichst umgehend eine Nachricht ueber meine privat email : edward_nathan@live.com. Mit Ihrer vertraulichen Telefon/Fax-Nr. und Ihrer E-Mail Anschrift, damit ich Ihnen die weiteren relevanten Details in dieser Sache mitteilen kann. Vielen Dank im Voraus.

Mit freundlichem Gruss
Herr Edward Nathan (STB)

Deppen suchen Volldeppen

Guten Tag, um Ihr Konto freizuschalten, bestätigen Sie jetzt bitte einmalig Ihre Kreditkartennummer. Danach können Sie sofort alle Funktionen Ihres Kontos nutzen, wie beispielsweise Zahlungen senden oder empfangen. So bestätigen Sie Ihre Kreditkartennummer: Klicken Sie auf den nachfolgenden Link: https://www.commerzbanking.de Geben Sie auf dieser Seite dann Ihre Kreditkartennummer ein. Der Link wird nicht angezeigt. Loggen Sie sich unter https://www.commerzbanking.de in Ihr Konto ein, und gehen Sie in Ihrer Kontoübersicht auf den Link »Kreditkartennummer«.

Herzliche Grüße, Ihr Commerzbank-Team

Frauen suchen Deppen

Hallo! Du bist verwundert, diesen Brief zu bekommen? Du hast den Fragebogen auf der Web-Seite der Bekanntschaften FreundScout24 oder SinglesFreenet? Ich erinnere mich genau nicht. Aber es ist nicht wichtig. Das Wesentliche dass hast du meinen Brief bekommen. Im ersten Brief werde ich dir kurz uber mich erzahlen. Im Folgenden werde ich dir uber mich mehr und ausfuhrlicher schreiben. Ich bitte die Verzeihungen fur meinen deutsch. Ich bemuhe mich nur, deutsch besser zu studieren. Ich denke dass mein deutsch kein Problem fur unseren Verkehr wird.

Warum schreibe ich dem deutschen Mann? Ich versammle mich, in Deutschland sehr kurz danach anzukommen. Ich habe das Visum und das Geld fur die Reise in Deutschland. Und ich suche die neuen Freunde und auch will ich die Liebe finden. Moglich kann ich den geliebten Mann in Kurzem finden. Ich denke dass ich glucklich in Deutschland werde.

Meinen Namen Juliya. Ich die russische Frau. Ich befinde mich in Spanien in diesen Moment. Aber ich bin geboren worden und wohnte in Kasachstan. Es ist eine ehemalige Republik Sovestkaja. Meine Grossmutter war Deutsche. Sie hatte den deutschen Nachnamen »Meinzer«. Es ist sehr viel russische Deutschen lebten und leben in Kasachstan. Ich denke du weisst das.

Ich bin zu Spanien aus Kasachstan ein halbes Jahr ruckwarts angekommen. Ich lebe bei alteren Schwester. Die Schwester und ihr Mann sind zu Spanien angekommen, zu leben und zu arbeiten. Es war vor einigen Jahren. Er hat sie aus Kasachstan nach der Hochzeit ergriffen. Der Mann die Schwester ist halb der Este und der Deutsche. Er lebte in Baltischen Landern fruher. Sie wollen in Spanien fur immer bleiben. Ich will in Deutschland ankommen. Wir haben die Eltern nicht. Unsere Eltern sind in der Autokatastrophe umgekommen wenn ich Kind war. Es ist eine traurige Geschichte.

Mir 28 Jahre. Viele Leute denken dass ich die schone Frau. Ich weiss nicht. Moglich es so. Ich denke du kannst es sehen. Ich werde dir die Fotografien im nachsten Brief schicken. Was du mich noch wissen willst? Ich denke dass du viel Fragen haben wirst. Ich werde mich bemuhen, ausfuhrlich auf alle deinen Fragen zu antworten.

Es ist sehr schwer, die Liebe und das Gluck in unserer Welt zu finden. Und es ist das Internet moglich wird mir helfen, den guten Mann zu finden. Moglich es du?

Ich will dass du ehrlich und aufrichtig mit mir bist. Keine Spiele bitte. Ich werde glucklich sein, in Deutschland anzukommen und sich mit dir im realen Leben zu umgehen. Bitte antworte mir. Du wirst mich am meisten glucklichst machen. Ich werde deinen Brief warten.

Ich schreibe den Brief aus dem Internet des Cafes. Es ist offentlich e-mail. Schreibe die Antwort auf meinen personlich e-mail.

Meinen personlich e-mail: juliya@volldeppenabzocke.ru

Kuss
Juliya

Anlieger bis
Baustelle frei
Anlieger bis
Baustelle frei

Was das Deppenland sonst noch bereithält

ZUM DEPP WERDEN FÜR ANFÄNGER

Ein Schnellkurs ... Die Mitmenschen können sehr anstrengend sein. Hier ein paar Tipps, wie auch Sie sich in einen totalen Deppen verwandeln können:

Verlassen Sie das Kopiergerät stets mit folgenden Einstellungen: 200 Prozent verkleinern, A5 Papier, 99 Kopien.

Stellen Sie sich an den Straßenrand und zeigen Sie mit einem Fön auf vorbeifahrende Autos, um zu sehen, ob sie langsamer werden.

Füllen Sie drei Wochen lang entkoffeinierten Kaffee in die Kaffeemaschine. Sobald alle ihre Koffeinsucht überwunden haben, gehen Sie über zu Espresso.

Falls Sie ein Glasauge haben, tippen Sie mit dem Füllfederhalter beiläufig dagegen, wenn Sie mit jemandem sprechen.

Tragen Sie bei allen Banküberweisungen in der Zeile »Verwendungszweck« ein: »Für sexuelle Gefälligkeiten.«

Antworten Sie auf alles, was jemand sagt, mit: »Das ist das, was du glaubst!«

Rufen Sie Zufallszahlen, wenn jemand gerade etwas zählt.

Stellen Sie einen Papierkorb auf den Schreibtisch und beschriften ihn mit »Posteingang«.

SCHREIBEN SIE NUR IN GROSSBUCHSTABEN.

schreiben sie nur in kleinbuchstaben.

ScHrEiBeN SiE AbWeChSeLnD GrOssE UnD KlEiNe BuChStAbEn.

Benutzen Sie absolut keine Interpunktion egal wann und was Sie schreiben

Kaufen Sie größere Stückzahlen der rot-weiß gestreiften Kegel für den Straßenbau und reservieren Sie ein paar Dutzend Parkplätze in der Nachbarschaft.

Wiederholen Sie bei einer Unterhaltung immer wieder: »Hörst du das?« – »Was?« – »Ach, vergiss es, schon vorbei!«

Entwickeln Sie eine unnatürliche, panische Paranoia vor Tackern.

Hüpfen Sie, anstatt zu gehen.

Bestehen Sie darauf, dass Sie die E-Mail-Adresse: SeineExcellenzDieGottheit@Firmenname.com bekommen.

Geben Sie bei McDrive an, dass Sie die Bestellung zum Mitnehmen wollen und verlangen Sie zusätzlich Pizza und Sushi.

Gehen Sie zu einer Lyriklesung und fragen Sie, warum sich die Gedichte nicht reimen.

Sagen Sie Freunden schon Wochen im Voraus, dass Sie nicht zu ihrer Party gehen können, weil Sie nicht in Stimmung sind.

Wenn Sie jemandem etwas ausleihen, dann rufen Sie täglich an und erinnern daran, dass sie im Falle eines Defekts das Gerät ersetzen müssen.

DIE DEPPEN LÜGEN UNS AN!

Das Hamburger GEWIS-Institut hat die Leute gefragt, welche Berufe besonders verlogen sind:

Versicherungsvertreter (73 %)
Politiker (67 %)
Werbeleute, Autohändler (53 %)
Makler (50 %)
Astrologen (31 %)
Finanzberater (25 %)
Chemiemanager (20 %)
Verkäufer (19 %)
Pfarrer (18 %)

Sozialbetrug

Deppen kassieren unrechtmäßige Leistungen – die anderen Deppen zahlen Steuern.

In diesen Bereichen wird am häufigsten beschissen:

Arbeitslosenversicherung
HARTZ IV
Kindergeld
Wohngeld
BAFÖG

Insgesamt zu Unrecht kassierte Leistungen pro Jahr > 10 Milliarden Euro

20 SACHEN, DIE AN DEUTSCHLAND NERVEN ...

... dass Politiker schon nach ein paar Jahren im Amt lebenslang Rente kassieren.

... der plötzliche und unerbittliche Niedergang des guten alten Filterkaffees.

... die Frisur von Thomas Gottschalk.

... dass man die Beine von Claudia Kleinert meistens nur abgeschnitten sieht.

... wie viel ein Glas Apfelschorle im Restaurant kostet.

... dass das Land bis in den letzten Winkel von Bild-Leser-reportern durchdrungen ist.

... Toilettenfrauen, die den ganzen Abend nur beim Tellerchen sitzen, um zu kontrollieren, ob auch gezahlt wird.

... dass die Bäckerin immer neben das Brot greift, das man eigentlich gerne hätte.

... dass auf der Kinderschokolade-Tafel nach über 30 Jahren nicht mehr derselbe Junge drauf ist.

... dass man bei Tank & Rast selbst in schlimmsten Notfällen nur auf die Toilette kommt, wenn man 50 Cent einwirft.

... dass der Kaffee plötzlich doppelt so viel kostet und man dafür nur einen Pappbecher bekommt.

... dass die Kollegin im Büro den Tee grundsätzlich nur aus übergroßen Tassen trinkt, die sie immer mit beiden Händen hält, wie früher bei der Armenspeisung.

... Leute, die sich cool vorkommen, wenn sie besonders scharf essen.

... der Trend zu aberwitzigen Eissorten.

... Jugendliche, deren Hosen auf Halbmast hängen.

... Kochsendungen.

... die Telekom-Melodie.

... die Zähne von Stefan Raab.

... Prinzessin Lillifee.

... wie die Leute aussehen, die auf Ü-30-Parties gehen.

... die Frage: »Sammeln Sie Punkte?«

Zu guter Letzt

»Meine Rede seit '45!«

»Aber auf mich hört ja keiner.«

»Und hinterher will es dann wieder keiner gewesen sein.«

»Aber macht doch, was ihr wollt, ihr habt es ja sowieso nicht besser verdient!«

»Ende Gelände.«

QUELLENVERZEICHNIS

Jürgen Hahn – *Auspack und freu!* Eichborn, 2009

Roman Leuthner – *Nackt duschen streng verboten*, Bassermann, 2009

Hartmut Walsdorff – *Wir versprechen nichts, was wir halten*, Claudius, 2009

Ben Redelings – *Ein Tor würde dem Spiel gut tun*, Verlag Die Werkstatt, 2009

Klaus Müller – *Vor Gott sind alle Menschen bleich*, Claudius, 2008

Eckart von Hirschhausen – *Arzt – Deutsch, Deutsch – Arzt*, Langenscheidt, 2007

Maybrit Illner – *Politiker – Deutsch, Deutsch – Politiker*, Langenscheidt, 2007

Helga Schmidt – *Stilblüten*, Edition XXL, 2007

Marco Fechner – *Nerv – Deutsch, Deutsch – Nerv*, Neuer Europa Verlag, 2006

Falk van Helsing – *Lust & Leidenschaft vor Gericht*, Eichborn, 2006

Falk van Helsing – *Käse ist Käse im Sinne der Käseverordnung*, Eichborn,

Falk van Helsing – *Des Wahnsinns fette Beute*, Eichborn, 2004

Dieter Kroppbach – *Mozart ist selbst gestorben*, Eichborn, 2001

Jürgen Brater – *Bier auf Wein, das lass sein!*, Piper, 2008

Claus Cory – *Die Unfallzeugen sind der Schadensmeldung beigeheftet*, Heyne, 1986

Walter Krämer und Michael Schmidt – *Das Buch der Listen*, Eichborn, 1997

Bild-Zeitung

DPA

AP

ddp

Kölner Express

Stern

Der Spiegel, Hohlspiegel (diverse Ausgaben 2008 und 2009)

Weltwoche, 27.7.2005, »Was sie nicht sagen.«

www.unmoralische.de

www.bahn-spass.de

www.steuerzahler.de, Schwarzbücher

Stephan Orth / Antje Blinda

Sorry, wir haben die Landebahn verfehlt

Kurioses aus dem Cockpit

ISBN 978-3-548-37326-3
www.ullstein-buchverlage.de

Vergessene Triebwerke, Piloten ohne Orientierung, Kühe auf der Landebahn: So manche Durchsage an Bord eines Flugzeugs treibt selbst erfahrenen Passagieren die Schweißperlen auf die Stirn. Hunderte von Lesern haben ihre Erlebnisse aus dem Cockpit an *Spiegel Online* geschickt – die besten und lustigsten Zitate und Anekdoten sind in diesem Buch versammelt. Also schnallen Sie sich an, klappen Sie die Tische hoch, und stellen Sie die Sitzlehnen aufrecht. Denn: »Meine Damen und Herren, das wird ein holpriger Ritt!«

»Sie brauchen nicht nervös zu sein, der Kapitän ist es auch nicht – und der macht den Anflug zum ersten Mal!«